憲法13条解釈を
どうやって客観化するか

早瀬 勝明 著

大学教育出版

本書を
父重治と
亡き母恭子
に捧げる

序

　「学説は何のためにあるのか」。
　「学説はいったい何を目的にして作られているのか」。
　20代前半、私が研究者を目指すことを視野に入れ始めた頃に、感じた疑問である。その頃はまだロースクールの構想すらなかった。月日は流れ、法科大学院制度が始まり、そして私自身も法科大学院で教えるようになった。今、上記の疑問は私の中でますます大きくなって、私の研究意識の中心にあり続けている。
　「結局の所、法解釈は主観的なもので、客観的ではないから、どの解釈が正しいとは言えない」と述べた学者がいた。この発言が、もし、法解釈に関わる言明は個人的な意見の表明に過ぎず、法解釈の優劣をつけることは不可能だという趣旨で述べられたのだとすれば（実際そうだったのだが）、解釈学説を学ぶ意味はどこにあるのか。法学系の学生は、なぜ、授業料を払って、中高年の個人的、主観的な意見を聴かなければならないのか。
　「裁判所で行われる法解釈も、しょせんは裁判官による主観的判断に過ぎない」と言うこともできるかもしれない。しかし、判例には、制度上公的な権威が与えられている。だから、法律を学ぶものは判例を無視することができない。一方で、学説には、公的な権威はない。学説は、「私人による提言であって、公の権威によってなされる提言」ではなく、「その本質において全く『私』的性質をもったもの」[1]である。なぜ、そんなものを学生に聴かせるのか。

　本書の問いは、題名通り。「憲法13条解釈をどうやって客観化するのか」。本書が想定する解釈主体は、法律実務家ではない憲法研究者である。そして、その解釈は、日本の裁判所による解釈、適用を念頭においたものに限定される。つまり、本書が検討の対象とするのは、日本の裁判所が行うべき憲法13条解釈に関わる、学者とか研究者と呼ばれる人々の提言である。

憲法13条解釈と一口に言っても様々であるが、本書の射程は個人の権利に関わる議論に限定する。すなわち、本書で「憲法13条解釈」とは、憲法13条を根拠としたいわゆる幸福追求権等の個人の権利保障に関わる議論を指す。
　本書は、まず、憲法13条解釈の総論部分に関する、学説と判例との距離について検討を行う。検討の出発点は日本の判例分析とする。「日本の裁判所」による解釈、適用を前提とする以上、判例に一定の権威があると考えざるを得ないからである。先に海外の判例や学説を検討し、日本法への示唆を得ようとする手法を否定するつもりはない。ただ、例えば、アメリカ風の議論とドイツ風の議論の前提が異なる場合、議論を噛み合わせるためには、共通の議論の土俵を設定する必要がある。そして、日本の裁判所による解釈について議論するなら、その土俵を作る際の手がかりは、日本の判例に求めるべきだろう。
　なお、本書に資料的な価値はない。参考文献は、私の検討に必要と判断した（私の情報処理能力を超えない）範囲で収集した。発刊時期にばらつきがあるのは、本書の各部分の検討を行った時期がそれぞれ異なるからであり、その時期に手に入る文献を必要なだけ参照したからである。本書では、DworkinやSunsteinなどの議論が出てくるが、それは彼らの理論の全体像を明らかにするためのものではない。あくまで、どのような議論があり得るのかについて考えるために参照するだけであり、検討の対象とするのは、私の考察に必要な部分だけである。例えば、Dworkinは採りうる憲法解釈方法論の一つとして、考え方の一例として、登場する。仮に、実は彼が21世紀に入ってから法実証主義に転向していて、それを私が知らないだけだとしても、本稿の議論に影響はない。彼が以前に法実証主義を批判しながら独自の法解釈理論を展開したのは事実だし、その理論自体が考え方の一例として引用するのに十分な価値があるからである。また、検討の対象とする憲法13条解釈学説も限定している。私の考察に必要十分な数の学説を取り上げただけであるから、本書で学説事情の全様を知ることはできない。

　本書の主張は次のように簡単なものである。
　憲法解釈の客観化は解釈者集団による「議論」によって図られる。そのためには解釈に関わる議論は噛み合う必要があるが、憲法13条解釈に関わる従

来の学説の議論は噛み合っていなかった。判例とも噛み合っていないし、学説同士の議論も噛み合っていない。噛み合わせるためには、憲法13条解釈の背後にある人権理論や解釈方法論等の存在をきちんと意識する必要がある。そして、そういった理論について議論するためには、また別の様々な理論を視野に入れることになる。

そんな主張を知るために使う時間はないという読者のために、各章の最初と最後にそれぞれ【導入】と【要約】を設け、それを読めば各章の概要がわかるようにしてみた。読みやすさの工夫のつもりである。

本書は下記の公表済みの研究成果を基にしている。ただ、大幅に再構成しているので、初出論文の本書における該当部分を示すことはできない。
「憲法理論はいかに裁判官を拘束するのか」阪大法学50巻5号147頁（2001）
「憲法13条解釈における『憲法理論』の役割」阪大法学50巻6号145頁（2001）
「裁判所による憲法解釈と理論」阪大法学51巻6号153頁（2002）
「憲法13条解釈と裁判所の権限」阪大法学52巻2号199頁（2002）
「『憲法理論』の一般的意義」阪大法学52巻6号207頁（2003）
「ブラウン判決は本当にアメリカ社会を変えたのか（一）（二・完）」山形大学法政論叢35号61頁、36号1頁（2006年）
「京都府学連事件判決の読み方」山形大学紀要（社会科学）37巻1号1頁（2006）
「憲法理論は必要か」山形大学人文学部研究年報4号115頁（2007）
「あなたは法解釈の客観性を信じますか」『法哲学年報2007』（2008）210頁

〔特記事項〕
本書は「平成22年度伊藤忠兵衛基金出版助成」を受けたものである。

注
1) 宮沢1968、67頁。

憲法13条解釈をどうやって客観化するか

目　次

序 i

第1部　議論の噛み合わせと法解釈の客観化

第1章　学説は判例と噛み合っていない
　　　　──憲法13条解釈における判例と学説の距離── 2
【導入】　2
第1節　学説の現状　3
　1. 体系書、教科書の記述　3
　2. 受験用テキストの記述　4
第2節　判例の現状　5
　1.「判例」とは何か　5
　2. 京都府学連事件判決の読み方　7
第3節　憲法13条解釈における判例と学説の距離　19
　1. 距離　19
　2. 裁判官に学説を採用する義務はない　20
【第1章要約】　23

第2章　学説同士も噛み合っていない
　　　　──憲法13条解釈を支える一般理論の存在── 27
【導入】　27
第1節　人権の基礎づけ論と憲法13条の保障内容　27
　1. 佐藤説と芦部説の違い　28
　2. 阪本説と戸波説の違い　34
　3. 憲法13条によって新しい権利が保障される理由　35
　4. 人権の基礎づけ論と憲法13条の保障内容　37
第2節　司法理論と憲法13条解釈論　41
　1. 松井説の理論構造　41
　2. 司法理論と憲法13条解釈論　43

第3節　噛み合わない議論　*45*

  1.　佐藤説に対する批評　*46*

  2.　阪本説に対する批評　*46*

  3.　松井説に対する批評　*47*

  4.　噛み合わない議論　*49*

【第2章要約】　*49*

第3章　なぜ噛み合わないといけないのか
―「議論」による正当化と「憲法理論」― ························ *55*

【導入】　*55*

第1節　平井宜雄の「議論」の理論　*55*

  1.「非合理主義」　*55*

  2.「議論」　*56*

  3.「客観性」と「主観性」　*56*

  4.　反論可能性テーゼ　*58*

第2節　渡辺康行の戦後ドイツ憲法解釈方法論分析と日本憲法学への提言　*58*

  1.「憲法理論」　*59*

  2.「憲法理論」と「客観性」　*60*

  3.　日本憲法学への提言　*60*

第3節　「議論」による正当化と「憲法理論」　*61*

  1.「議論」と「憲法理論」　*61*

  2.「憲法理論」を提示しながら行われる憲法解釈の「客観性」　*62*

  3.　修正可能性　*62*

  4.「憲法理論」の意義　*63*

  5.　その他の問題　*64*

  6.　まとめ　*65*

第4節　「議論」による正当化と学説二分論　*66*

  1.　宮沢俊義の学説二分論　*67*

  2.　あり得る批判（1）――「『解釈学説』は『科学学説』とは違うので、客観性を備えるのは不可能である」――　*68*

3. あり得る批判（2）――「『解釈学説』は客観性の面で『科学学説』には及ばない」―― *69*

第5節　本章のまとめ　*70*

【第3章要約】　*72*

第1部のまとめ……………………………………………………………… *77*
　1.「議論」による正当化と噛み合わない議論　*77*
　2. 判例を前提とした議論の必要性　*78*
　3. 研究者同士の議論の仕方　*79*
　4. 解釈方法と司法理論　*82*

第2部　議論の対象となりうる事柄

第4章　「客観性」と解釈方法――「客観」の意味は1つではない――… *90*
【導入】　*90*

第1節　J. H. Ely の主流学説批判　*90*
　1. Ely のプロセス理論　*90*
　2. Ely の主流学説批判　*91*

第2節　Mark Tushnet のグランドセオリー批判　*93*
　1. Tushnet のグランドセオリー批判　*93*
　2. 裁判所から憲法を取り上げる――人民中心主義者の憲法――　*96*

第3節　Ronald Dworkin が想定する「客観性」　*99*
　1. Ely と Tushnet が想定する「客観性」　*99*
　2. 外的懐疑論批判　*100*
　3. Dworkin が想定する「客観性」　*103*
　4. 内的懐疑論　*105*

第4節　客観性と相対主義　*106*
　1. 客観性　*106*
　2. 相対主義　*108*

【第4章要約】 *108*

第5章 理論的にどこまで正当化するのか
　　　──深い深い理論と合理的に浅い理論── *114*

【導入】 *114*

第1節　深い深い理論──Dworkinが要求する正当化理論── *114*
　1. 実体的判断の必要性 *114*
　2. Dworkinが要求する正当化理論 *116*

第2節　合理的に浅い理論
　　　──Sunsteinの完全には理論化されていない合意── *121*
　1. 実体的判断の必要性と懐疑主義批判 *121*
　2. 完全には理論化されていない合意 *121*
　3. 理論化と裁判所の役割 *126*

第3節　比較 *130*

【第5章要約】 *132*

第6章　裁判所の役割と政治理論、そして過去の評価
　　　──すべて憲法解釈とつながっている── *137*

【導入】 *137*

第1節　裁判所と政治部門の役割、それを支える政治理論 *137*
　1. 裁判所の役割に関する見解の相違 *137*
　2. 裁判所と政治部門の役割分担、それを支える政治理論 *139*

第2節　過去の評価
　　　──現実に裁判所はどのような役割を果たしうるのか── *142*
　1. 司法の役割論と過去の事実 *142*
　2. The Hollow Hope 概要 *143*
　3. 論証のハードル *152*

第3節　まとめ *156*
　1. 司法理論と過去の評価 *156*
　2. すべて憲法解釈とつながっている *156*

第4節　Posnerの理論批判　*159*
【第6章要約】　*161*

結び――憲法13条解釈をどうやって客観化するか―― ……………*166*
【まとめ】　*166*
　1. 客観化の手法　*167*
　2. 裁判所における解釈適用を想定しつつ行われる憲法13条解釈をどうやって客観化するか　*168*
　3. 学説の存在意義　*172*
　4. 結び　*173*

文献一覧 …………………………………………………………………*174*

あとがき …………………………………………………………………*187*

第1部

議論の嚙み合わせと法解釈の客観化

第1章　学説は判例と噛み合っていない
——憲法 13 条解釈における判例と学説の距離——

【導入】

　裁判所における解釈適用を念頭に置くと、憲法 13 条解釈は、主に、何らかの権利保障に関わる問題と、権利の制約原理としての公共の福祉の問題を扱うことになる。

　この内、1990 年代に学説上の論争となったとされるのは、権利保障に関わる問題である。しかしながら、裁判所は学説の議論にお付き合いしてくれていない。本章でそれを確認する。

　2007 年度新司法試験の短答式問題（公法系第 4 問）に次のような選択肢があった。

　　ウ．学説における一般的自由説は、包括的基本権である幸福追求権の内容について、「人格的生存」にとって不可欠という要件で限定しない。しかし、一般的自由説を採ることは、当該自由や権利の保障の程度という点で「人格」との関連性を考慮することと必ずしも矛盾しない。

　　エ．学説における人格的利益説の場合、どのような権利・自由が「人格的生存にとって不可欠な利益」であるかは、必ずしも明らかでない。例えば、自己決定権としての髪型の自由について、人格的利益説を採る論者の間でも「人格的生存にとって不可欠な利益」であるか否か、見解が分かれる。

　両方とも「正しい」記述だというのが、「正解」である。この選択肢が正しいか否かを判断するために必要な知識は、どのようなものだろうか。ここでは、判例だけでなく、学説に関わる基本的な知識も要求されている[1]。言うまでもなく、司法試験は法律実務家に必要とされる基礎的な能力を試す試験である。ということは、この知識、すなわち、憲法 13 条解釈に関わる学説の議論

第1章　学説は判例と嚙み合っていない――憲法13条解釈における判例と学説の距離―― *3*

というのは、法律実務家を目指す人達が知識として身につけるべき事柄ということになるのだろうか。

　以下、学説の議論状況、特に保障範囲に関わるものを概観した上で、判例の分析を行い、判例と学説の距離を見る。なお、繰り返すが、本書が解釈主体として想定しているのは、法律実務家ではない憲法研究者であり、その解釈は、主に裁判における解釈、適用を念頭に置いたものに限定される。裁判実務を想定しない憲法13条解釈は、基本的には考察の対象外である。

第1節　学説の現状

1. 体系書、教科書[2]の記述

　その章題に違いはあるものの、憲法13条について書かれている部分では、いわゆる「新しい人権」に関する記述がなされるのが一般的である。そこでは、ほとんどの場合、プライバシー権などの各論的記述だけではなく、憲法13条の保障内容に関わる総論的な記述がなされている[3]。

　共通してなされる記述は、大要以下のようなものである。すなわち、（ア）憲法13条は、人権保障の原則を宣言しているだけでなく、個人の権利（幸福追求権）を保障している。（イ）この権利の侵害を裁判で主張できるか、すなわち具体的権利性を肯定しうるかについては争いがあったが、現在では肯定するのが通説である。判例も具体的権利性を肯定している。（ウ）憲法13条が保障する権利の内容については、学説上争いがある。代表的なのが人格的利益説と一般的自由説で、前者は人格的生存に不可欠な権利のみが憲法13条によって保障されるとし、後者はそのような限定を付さず広く一般的に自由が保障されるとする。記述の仕方は執筆者によって異なるが、憲法13条によって保障される幸福追求権の解説には、人格的利益説と一般的自由説との対立に関する記述が行われることが多い[4]。

　従来、憲法13条解釈に関わる議論は、人格的利益説と一般的自由（権）説、あるいは質的限定論と量的拡張論という二項対立図式によって理解されることが一般的であった[5]。この枠組は、憲法13条によって何らかの具体的権利が

認められることを前提として、憲法13条の保障内容、特に保障範囲を限定的に解するのか限定せず広く解するのか、を基本的な論点としている[6]。

この枠組みの中では、「人格的利益」という観念は、憲法13条の保障範囲を限定するための基準として捉えられている。例えば、芦部信喜は、「人権のインフレ化」や「裁判官の主観的判断による権利の創設」への配慮から、幸福追求権の内容を限定することが課題だとした上で、その内容を「人格的生存に不可欠な利益」に限定している[7]。また、戸波江二は、「『人格に関連する自由』の他に、必ずしも倫理的な意味をもたない『一般的行為の自由』にまで基本権の保護を及ぼすべきかどうか」という問題設定をしており[8]、ここから人格的利益説を批判し、自らは一般的自由説を採用する。戸波の批判には、「人格」という言葉の持つ意味合いによって人権の保障範囲が決まることになり、（戸波の言う）現実の人権侵害に有効に対処できないという理解が含まれている（「自由の定義による自由の制限[9]」、「一般的自由を切り捨てる道具」[10]）。

①具体的権利性	否定説	肯定説	
②保障範囲		質的限定（限定）	量的拡張（非限定）
		プロセス的権利説	人格的利益説	一般的自由説

2. 受験用テキストの記述

人格的利益説と一般的自由説の対立に関わるのは、研究者だけではない。司法試験等の資格試験受験生も理解し、覚える必要があるものとされている。冒頭で示したような試験問題を解答するために必要だからである。

予備校で作られたテキストは、学説理解という点で誤っていることもある（もっとも、誤りの可能性は研究者の書いた本でも同様にあるのだが）。ただ、憲法13条解釈、特に保障範囲に関わる学説の基本的な整理の仕方に、たぶん誤りはないだろう[11]。上に見たような学説分類について誤った紹介をしているテキストは、管見の限り見あたらない。

第2節　判例の現状

　しかしながら、日本の最高裁判所は、上のような学説の議論とは一切関わりのないところで判決文を書いている。

　以下、京都府学連事件最高裁判決と、これを引用しながら判断した3つの最高裁判決を見る。

　ただ、判決文には複数の読み方、解釈があり得ることが稀ではない。そして、「判例」とは何かに関わる理解が、個別のテーマに関わる判例の理解の仕方とつながることも、十分に考えられる。したがって、まずは「判例」の一般的意義について確認しておきたい。

1.「判例」とは何か

　判例は、法実務に携わる人にとって非常に重要な意義を有する。例えば、憲法21条2項が禁止する「検閲」の意味。法律家にとって大事なのは、辞書に載っている説明[12]ではなく、最高裁が示した定義[13]である。法律家を目指す人が判例を学ぶ必要があるのは、判例が法実務を拘束しているからである[14]。

（1）判例の拘束力とその根拠

　裁判例、特に最高裁判所の裁判例は、後の裁判所の判断を一定程度拘束する。制度上は、判例は絶対のものではない。ただ、判例変更に慎重な手続を要求する[15]など、「間接的にではあるが、判例に一定の先例的拘束力が実定法上認められていると解することもできる」。そして、「裁判所は、実際上よほどのことがない限り確立された判例に従って裁判しており、個々の判決を正当化するために判例にも準拠することが裁判実務上の慣行として広く行われている」[16]。

　判例が拘束力をもつことの根拠は、法的安定性や予測可能性、平等あるいは公正の要請にあるとされる[17]。「裁判所が法律問題について判断を示すのは、ある具体的事件の解決のためである。しかし、いったん判決がなされると、（…）後に同種の事件が生じた場合には裁判所は同じ解決を与えるべきである」との「平等の要請」が生ずる[18]。同様の（同種の、類似の）事件には同様の

解決を与えるべきだというわけだ。その要請に従うことで、「法体系に『安定性』や『確実性と予見可能性』ないし信頼性を与え、人に対して『処遇の平等と統一性』を保障」[19]することができるのである。

そして、このような理解は、「判例」とは何かという問いにも関わる。

(2) 何が「判例」か

後の裁判所を拘束する一般的規範としての「判例」とは、先例とされる裁判の判決理由のうち、「『主文』で述べられた結論を導く上で意味のある法的根拠・理由づけ」[20]の部分に限られると言われる。「『判例』の名に値するのは、具体的な事件の解決に『必要かつ十分』な範囲での、法律問題の判断である」[21]、と。

このように「判例」の範囲が限定される理由については、次のように説明される。「判例は、裁判官が具体的な事件に即して問題を解決しようと努力した成果を示しているという点に、意味がある」[22]。「判例が尊重されるのは、具体的な事件の解決に必要な法律問題について裁判官が判断を示した場合、別の同種の事件にも同じ解決が与えられるべきであるという要請に由来するという意味からいって、具体的な事件の解決に関係のない事柄は、『判例』ではない」[23]。

以上のように、「判例」とは、裁判所の判断のすべてではなく、具体的事件の解決に必要十分な範囲の裁判所の判断として、限定的に捉えられている。では、「判例」の範囲をどのように画定すれば良いのか。つまり、「必要十分な範囲」か否かを、どうやって判断するのか。

具体的な事案において依拠すべき「判例」が何かは、事案に応じて個別具体的に考えなければならない。この考察の際に鍵となるのは、「重要な事実」である[24]。判例の意義が、同様の事案には同様の解決を与えるという点にある以上、一番の問題は、ある事案が、以前裁判所によって解決された事案と「同様の事案」と言えるかどうかにある。そして、同様の事案と言えるかどうかは、同様の事例として扱えるだけの事実が同じかどうかによって判断することになる。

当事者の氏名や物事の発生した日時や場所といった細かい所まで、何もかも

同じ事案は存在しない。「判例」として取り出すには、ある程度具体的事実関係を捨象して、一般化、抽象化する必要がある。その抽象化の際には、法律問題との関連で意味のある事実だけが問題となる。法律問題についての判断は、常に一定の事実関係を背景にしているが、事実のすべてが問題となるわけではない。ここにいう「意味のある事実」が「重要な事実」である。

「判例」とは何かについての説明の仕方は様々でありうる。ただ、現在のところ、これまで見てきたように、結論に近いところにある論理を「判例」とする考えが有力だと思われる[25]。中野次雄によると、「判例」と呼べるのは、（ア）他の事件の事実にそれを適用して論点についての結論を直接に導き出せるという直接性を有し、（イ）当該裁判における結論を理由づけるものである[26]。

しかし、このような理解によっても、個別具体的な事例において、結論を導くために用いられる「判例」が何かが、常に明瞭だというわけではない[27]。「こういう場合には、『判例』は、可能な範囲で最も狭い準則であるとみるべきであろう。というのは、判例は具体的事件に即したものであるということからいって、疑問のあるときは、なるべく事件の具体性に即した狭いルールが樹てられたとみるのがよいからである」[28]。

ただし、日本の裁判所が、以上のような「判例」理解をしているとは限らない。日本の裁判所が、結論を直接には導かないような一般的な法命題をも、判例として取り扱っていることが指摘されている[29]。「概していえば、わが国の裁判所が、具体的事実の解釈だけでなく、その機会にかなり一般的な法解釈の命題を打ちたて、広い範囲の事件に対して先例的な効果を及ぼそうとしていることは否定できないように思われる」[30]。

2. 京都府学連事件判決の読み方

以下、京都府学連事件最高裁判決（以下、「府学連判決」）の検討を行う。この判決は、最高裁判所が憲法13条解釈を行った代表例とされる。

ただ、「判例」は、1回の裁判所の判断を見るだけで明らかになるとは限らない。「判例」が何かについては、後の裁判所の引用や解釈の仕方によって明確化されていくという側面がある。「先例の内容そのものも解釈の対象とされ、のちの解釈によってはじめて先例として理解される面を無視することはできな

い」[31]。したがって、府学連判決を引用している他の判決も、検討の対象とする。

（1）京都府学連事件最高裁判決（最大判昭和44年12月24日刑集23巻12号625頁）

（ⅰ）事案の概要

本件は、大学生が公務執行妨害（刑法95条1項）及び傷害（刑法204条）の罪に問われた刑事事件である。憲法13条違反は、公務執行妨害の構成要件である職務の適法性を否定するために、主張されている。

事件は、昭和37年6月21日、京都府学生自治会連合主催の大学管理制度改悪反対、憲法改悪反対を訴えるデモ行進の現場で起こった。公務執行の妨害を受けたとされたのは、京都府山科警察署勤務の巡査。彼は、デモ行進の許可に際し京都府公安委員会が附した条件の違反状況の視察採証を行う職務に従事していた。巡査は、デモ行進に許可条件の違反があると認識し、デモ集団先頭の行進状況を写真に撮影した。これを見た本件被告人が「どこのカメラマンか」と難詰抗議。しかし、彼はこれを無視したので、被告人が憤慨し、持っていた旗竿で巡査の下顎部を一突きし、全治一週間の傷害を負わせた。

（ⅱ）憲法13条違反の主張

上告趣意では、京都市公安条例の違憲性や、写真撮影を行った巡査が私服であったことから公務執行妨害の故意がないといった主張もなされているが、本章にとって大事なのは、憲法13条違反の主張である。

憲法95条の文言にはないが、職務の適法性は公務執行妨害罪の構成要件に含まれるとされる。そして、「公務員の明らかに違法な活動に対して抵抗する行為は公務執行妨害罪を構成しない」[32]。被告人側の主張の一つは、本人の承諾なしに写真撮影を行うことは憲法13条（及び警察法2条2項）に違反することから、本件撮影行為は違法なものである、という点にあった。被告人が巡査に対して行った傷害行為は、警察官の違法な活動に対する抵抗であり、公務執行妨害罪を構成しない、と。

（ⅲ）最高裁の判断

この主張は、一審（京都地裁）[33]、二審（大阪高裁）[34]、最高裁すべての判

決で、斥けられている。すなわち、巡査の本件写真撮影行為は憲法13条（及び35条）に違反せず、刑法95条1項によって保護されるべき適法な職務行為であったとの判断が下されたのである。長くなるが、以下引用する。

> ところで、憲法一三条は、『すべて国民は、個人として尊重される。生命、自由及び幸福追求に対する国民の権利については、公共の福祉に反しない限り、立法その他の国政の上で、最大の尊重を必要とする。』と規定しているのであつて、これは、国民の私生活上の自由が、警察権等の国家権力の行使に対しても保護されるべきことを規定しているものということができる。そして、個人の私生活上の自由の一つとして、何人も、その承諾なしに、みだりにその容ぼう・姿態（以下「容ぼう等」という。）を撮影されない自由を有するものというべきである。これを肖像権と称するかどうかは別として、少なくとも、警察官が、正当な理由もないのに、個人の容ぼう等を撮影することは、憲法一三条の趣旨に反し、許されないものといわなければならない。しかしながら、個人の有する右自由も、国家権力の行使から無制限に保護されるわけでなく、公共の福祉のため必要のある場合には相当の制限を受けることは同条の規定に照らして明らかである。そして、犯罪を捜査することは、公共の福祉のため警察に与えられた国家作用の一つであり、警察にはこれを遂行すべき責務があるのであるから（警察法二条一項参照）、警察官が犯罪捜査の必要上写真を撮影する際、その対象の中に犯人のみならず第三者である個人の容ぼう等が含まれても、これが許容される場合がありうるものといわなければならない。
>
> そこで、その許容される限度について考察すると、身体の拘束を受けている被疑者の写真撮影を規定した刑訴法二一八条二項のような場合のほか、次のような場合には、撮影される本人の同意がなく、また裁判官の令状がなくても、警察官による個人の容ぼう等の撮影が許容されるものと解すべきである。すなわち、現に犯罪が行なわれもしくは行なわれたのち間がないと認められる場合であつて、しかも証拠保全の必要性および緊急性があり、かつその撮影が一般的に許容される限度をこえない相当な方法をもつて行なわれるときである。このような場合に行なわれる警察官による写真撮影は、その対象の中に、犯人の容ぼう等のほか、犯人の身辺または被写体とされた物件の近くにいたためこれを除外できない状況にある第三者である個人の容ぼう等を含むことになつても、憲法一三条、三五条に違反しないものと解すべきである。

以上を前提として、次に本件事実が確認され、以下のような結論が導かれている。

右事実によれば、秋月巡査の右写真撮影は、現に犯罪が行なわれていると認められる場合になされたものであつて、しかも多数の者が参加し刻々と状況が変化する集団行動の性質からいつて、証拠保全の必要性および緊急性が認められ、その方法も一般的に許容される限度をこえない相当なものであつたと認められるから、たとえそれが被告人ら集団行進者の同意もなく、その意思に反して行なわれたとしても、適法な職務執行行為であつたといわなければならない。

そうすると、これを刑法九五条一項によつて保護されるべき職務行為にあたるとした第一審判決およびこれを是認した原判決の判断には、所論のように、憲法一三条、三五条に違反する点は認められないから、論旨は理由がない。

判決文の解釈の仕方は様々でありうるので、府学連事件判決の射程がどこまで及ぶかについて、確定的なことは言えない。さしあたりここで見ておきたいのは、最高裁が実際に府学連事件判決を引用した諸判決である。そして、考察のテーマは、それぞれの判決が府学連事件のどの部分を「判例」として扱ったのか、である

(ⅳ) 同様の事案

先に見た通り、「判例」は法実務を拘束する。その拘束力の根拠は、同様の事件には同様の解決を与えるべきだ、という要請にある。それでは、京都府学連事件最高裁判決を引用している判決は、どの点で同様の事案に対する解決だと言えるのか。すなわち、京都府学連事件と他の事件は、どの点で同様なのか。

京都府学連事件と同様の事件が起きた場合、裁判所は同じ結論を下すことになる。何が同様かは、判断が分かれる可能性のある問題である。しかし、少なくとも、デモ行進の許可条件違反の状況を証拠としてカメラに納めた警察官に対し、傷害を負わせる行為は、公務執行妨害罪として処罰されることになるだろう。日時や場所、行為者の職業が異なっていても、判例変更がない限り、府学連事件の被告人と同様の行為は同様に処罰される。つまり、50年近く経った現在でも、また、京都以外の場所であっても、同様の事件は起こりうる。あるいは、被告人が学生ではなく会社員で、警官の顎を旗竿で突いたのではなく素手で殴ったとしても、結論は変わらないだろう。

ただ、ここまで似た事件でなくても、府学連判決の射程は及でいる。以下、本判決を引用した3つの最高裁判決について見ていこう。

（2）自動速度監視装置事件判決（最二判昭和61年2月14日刑集40巻1号48頁）

（ⅰ）事案の概要

本件被告人は、普通乗用車を運転し3回のスピード違反を犯したとして道路交通法違反に問われた。この運転行為はいずれも自動速度監視装置（RVS）で認知、写真撮影されることによって発覚している。

被告人側が第一審から一貫して争ったことの一つは、この機械によって撮影された写真の証拠能力である。この主張は、京都府学連事件最高裁判決を前提とする。本件装置での写真撮影は、その判決で示された3要件のいずれも満たさないから、憲法13条に違反する。したがって、本件撮影によって得られた写真を有罪認定の証拠とすることはできない、と。

しかし、この主張は、一審（東京地裁）[35]、二審（東京高裁）[36]、最高裁すべての判決で斥けられている。最高裁の結論は上告棄却。有罪となった。本件装置による写真撮影は憲法13条に違反しないとされ、撮影によって得られた写真は有罪認定の証拠として用いられたのである。

（ⅱ）どの点で同様の事案と言えるか

憲法13条との関連で府学連事件と「同様の事案」というためには、一定の共通点を見いだす必要がある。自動速度監視装置事件は、どの点で同様の事案だったのか。憲法13条との関連でいえば、「警察が、現に行われている犯罪の証拠収集のために、個人の容ぼう等を、本人の承諾なしに、撮影した事案」という意味で同様だったと言えるだろう。

（ⅲ）最高裁の判断

そして、この事件で最高裁は、証拠保全の必要性、相当性を認めて合憲の判断を下した。

> 憲法一三条、二一条違反をいう点は、速度違反車両の自動撮影を行う本件自動速度監視装置による運転者の容ぼうの写真撮影は、現に犯罪が行われている場合になされ、犯罪の性質、態様からいつて緊急に証拠保全をする必要性があり、その方法も一般的に許容される限度を超えない相当なものであるから、憲法一三条に違反せず、また、右写真撮影の際、運転者の近くにいるため除外できない状況にある同乗者の容ぼうを撮影することになつても、憲法一三条、二一条に違反しないことは、当裁判所昭和四四年一二月

二四日大法廷判決（刑集二三巻一二号一六二五頁）の趣旨に徴して明らかである。

ここで「判例」として扱われているのは、府学連判決のうち以下の部分が中心だと考えられる。

> （…）刑訴法二一八条二項のような場合のほか、次のような場合には、撮影される本人の同意がなく、また裁判官の令状がなくても、警察官による個人の容ぼう等の撮影が許容されるものと解すべきである。すなわち、現に犯罪が行なわれもしくは行なわれたのち間がないと認められる場合であつて、しかも証拠保全の必要性および緊急性があり、かつその撮影が一般的に許容される限度をこえない相当な方法をもつて行なわれるときである。このような場合に行なわれる警察官による写真撮影は、その対象の中に、犯人の容ぼう等のほか、犯人の身辺または被写体とされた物件の近くにいたためこれを除外できない状況にある第三者である個人の容ぼう等を含むことになつても、憲法一三条、三五条に違反しないものと解すべきである。

（ⅳ）判例としての府学連判決

要するに、府学連判決は、警察が犯罪捜査活動として行う、本人の承諾なしの写真撮影が許容される場合について示したものである。そして、許容される場合とは撮影の必要性や方法の相当性が満たされる場合である、ということになる。

先に見た中野次雄の見解によると、「判例」と呼べるのは、（ア）他の事件の事実にそれを適用して論点についての結論を直接に導き出せるという直接性を有し、（イ）当該裁判における結論を理由づけるものだった。本判決における府学連事件判決の扱い方は、このような理解に合致する。つまり、府学連事件判決で示された写真撮影の許容される要件に、本件事実を当てはめることで、判断を下しているのであり、撮影が許容される要件の部分は、上記（ア）（イ）両方に適合する。

（3）外国人指紋押なつ拒否事件（最三判平成 7 年 12 月 15 日刑集 49 巻 10 号 842 頁）

しかしながら、最高裁は、以上のような個別性具体性をもつ命題のみを「判例」として扱っているわけではないようである。府学連判決の射程は、直接性

のない所まで及んでいる。
　(ⅰ) 事案の概要
　本件被告人は、アメリカ国籍を有する外国人。外国人登録法違反で起訴された。当時来日し居住していた神戸市灘区において新規の外国人登録をした際、外国人登録原票、登録証明書及び指紋原紙2葉に指紋の押捺をしなかったのである。
　被告人側は、指紋押なつ制度が憲法13条（及び国際人権規約B規約7条）に違反すると主張した。外国人登録法の指紋の押なつ義務を定めた部分は違憲であるから、押なつ義務は存在せず、被告人は無罪である、と。
　(ⅱ) 最高裁の判断
　この主張は、一審（神戸地裁）[37]、二審（大阪高裁）[38]、最高裁すべてで斥けられた。
　最高裁は、以下のような論理を展開した。指紋は、性質上万人不同性、終生不変性をもつので、採取された指紋の利用方法によっては、個人の私生活あるいはプライバシーが侵害される危険性がある。
　そして、「憲法13条は、国民の私生活上の自由が国家権力の行使に対して保護されるべきことを規定していると解されるので、個人の私生活上の自由の一つとして、何人もみだりに指紋の押なつを強制されない自由を有するものというべきであり、国家機関が正当な理由もなく指紋の押なつを強制することは、同条の趣旨に反して許されず、また、右の自由の保障は我が国に在留する外国人にも等しく及ぶ」。
　「しかしながら、右の自由も、国家権力の行使に対して無制限に保護されるものではなく、公共の福祉のため必要がある場合には相当の制限を受けることは、憲法一三条に定められているところである」。
　以上を前提として、指紋押捺制度について審査が行われ、「立法目的には十分な合理性があり、かつ、必要性も肯定できる」「方法としても、一般的に許容される限度を超えない相当なものであった」として、憲法13条に違反しないと判断されている
　(ⅲ) どの点で同様の事案と言えるか
　ここで憲法問題となったのは、警察が、容ぼう等を、無断で撮影する行為

ではない。問題とされたのは、新規の外国人登録の申請の際に区長が指紋押なつを求める行為であり、その前提としての押なつを義務づける法律（外国人登録法）の合憲性が問題となったのである。

この事件は、府学連事件とどの点で同様なのか。共通点を探すなら、「行政権が、一定の行政目的のために、個人情報を、無断で、収集・利用すること」が問題となったという点で同様だと言えるだろう。

(iv)「判例」？

しかし、ここで「判例」として機能したのは、府学連判決のうち、警察官による個人の容ぼう等の撮影が許容される条件について述べた部分ではない。「現に犯罪が行なわれもしくは行なわれたのち間がないと認められる場合であつて、しかも証拠保全の必要性および緊急性があり、かつその撮影が一般的に許容される限度をこえない相当な方法をもつて行なわれるとき」には、「撮影される本人の同意がなく、また裁判官の令状がなくても、警察官による個人の容ぼう等の撮影が許容される」。この命題に指紋押なつ拒否事件の事実を当てはめても、結論は出てこない。というより、当てはめること自体できないのである。

合憲性が問題となったのは、行政権の行使そのものではなく、その行使を求める法律である。そして、指紋押なつの合憲性について、府学連判決の判断枠組が用いられたわけではない。そこでは、指紋押なつを義務づける法律の、立法目的の合理性と必要性、および方法の相当性について検討が行われ、合憲だとの結論が出ている。いったい指紋押なつ拒否事件の最高裁判決は、府学連判決のどの部分を「判例」として扱ったのだろうか。

この点、本件で「判例」として機能したのは、次の2つの命題だと考えられる。

> (A) 憲法13条は、国民の私生活上の自由が国家権力の行使に対して保護されるべきことを規定している
> (B) 個人の私生活上の自由の一つとして保障される自由も、国家権力の行使に対して無制限に保護されるものではなく、公共の福祉のため必要がある場合には相当の制限を受けることは、憲法13条に定められている

ただ、これらは、もはや個別具体性をもたない一般論としか言いようがない。

（4） 住基ネット事件（最一判平成20年3月6日民集62巻3号665頁）

住基ネット判決については、どうだろうか。

（ⅰ）事案の概要

本件は原告も被告も複数である[39]。発端は、住民基本台帳法の改正（1999年10月1日施行）。これにより、本人確認情報（氏名、生年月日、性別、住所、住民票コード、変更情報）を、国・地方公共団体の共同のシステムである住民基本台帳ネットワークシステム（以下、「住基ネット」）に取り込むことが可能になった。その目的は、住民サービスの向上や行政事務の効率化にある。

原告は、住基ネットによりプライバシー権等を侵害され、精神的損害を被ったとして、それぞれが居住する市に対し①国家賠償法1条に基づく損害賠償請求をした。憲法13条は、自己情報コントロール権を含むプライバシー権その他の人格権侵害の主張のために持ち出されている。市町村が本人確認情報を住基ネットへ提供することや、行政機関が住基ネットにより本人確認情報の管理、利用等することが、原告のプライバシー権等の権利を侵害する、と。より具体的には、本人確認情報の漏洩の危険や本人確認情報と他の個人情報の結合[40]の危険等が指摘されている。

（ⅱ）経過

第一審（大阪地裁）[41]は原告の請求を棄却。控訴がなされ、請求が追加された。②居住地の市（箕面市、吹田市、守口市）の住民基本台帳から住民票コードを削除すること、③住基ネットを使用して市から大阪府知事へ本人確認情報を通知することの差止め、である。

第二審（大阪高裁）[42]は、②を認容した。この訴訟では、原告（控訴人）の主張が一部認められた瞬間があったのである。しかし、長くは続かない。最高裁第一小法廷は、上告した市の敗訴部分（②）を全員一致で破棄[43]し、訴訟を提起した住民の訴えは、すべて斥けられた。

（ⅲ）最高裁の判断

本件は刑事事件ではないという点で、上記3つの事案と異なる。府学連事件との共通点は、指紋押なつ拒否事件と同じで、「行政権が、一定の行政目的のために、個人情報を、無断で、収集・利用すること」が問題となったという点だろう。本判決で問題解決のために引用されたのは、やはり警察官による個

人の容ぼう等の撮影が許される条件の部分ではない。

　ただし、住基ネット判決では、上記（B）の命題は使われていない。この判決は、憲法13条により保障された自由の侵害自体、生じていないと判断している。「憲法13条は、国民の私生活上の自由が公権力の行使に対しても保護されるべきことを規定しているものであり、個人の私生活上の自由の一つとして、何人も、個人に関する情報をみだりに第三者に開示又は公表されない自由を有する」。しかしながら、「住基ネットにシステム技術上又は法制度上の不備があり、そのために本人確認情報が法令等の根拠に基づかずに又は正当な行政目的の範囲を逸脱して第三者に開示又は公表される具体的な危険が生じているということもできない」。したがって、「行政機関が住基ネットにより住民である被上告人らの本人確認情報を管理、利用等する行為は、個人に関する情報をみだりに第三者に開示又は公表するものということはできず、当該個人がこれに同意していないとしても、憲法13条により保障された上記の自由を侵害するものではない」、と。要するに、本件は私生活上の自由の一つが、公共の福祉のために必要だとして制限を受ける場合ではないから、上記（B）の命題を用いる必要はないとされたのだろう。

　本判決は、自らの結論について、府学連事件「判決の趣旨に徴して明らかである。」と述べる。しかし、論理的には、府学連事件判決に示された命題に本件事実を当てはめるだけで結論が導かれるわけではない。判例の読み方には色々ありうるが、少なくとも、最高裁は、指紋押なつ拒否事件と住基ネット事件において、論点についての結論を直接に導き出せるような具体的な命題を、府学連事件判決から引き出したわけではない。

（5）　判例としての京都府学連事件判決
　（ⅰ）「判例」？
　判例としての府学連判決の正確な射程範囲を、確定することはできない。「判例」は、後の事件における解釈の結果だからである。さしあたり、警察が個人の容ぼう等を無断で撮影することが許される要件については、その後たびたび引用されている[44]ので、これを自然に「判例」と考えることができるだろう。また、府学連判決は民事事件でも引用され、ここでは「みだりに自

己の容ぼう等を撮影されないということについて法律上保護されるべき人格的利益」があるとされている[45]。そうすると、撮影主体は警察に限られず、「みだりに容ぼう等を撮影されない自由」が個人に認められるというのが、「判例」ということになろうか。

さらに、最高裁は、みだりに指紋の押なつを強制されない自由、個人に関する情報をみだりに第三者に開示又は公表されない自由を認めている。そして、これらは「私生活上の自由」が憲法13条によって保障されるという府学連判決の判示を根拠としている。指紋押なつや住基ネットの事案での引用のされ方を見る限り、最高裁は、府学連判決で示された「憲法13条によって個人の私生活上の自由が保障される」、「その自由は公共の福祉による制限を受ける」という一般的、抽象的な命題を「判例」として扱っているのだと思われる。

(ⅱ) 一般的、抽象的法命題

「判例」の個別具体性を強調する立場からすれば、府学連事件判決のこのような扱い方には問題がある、ということになるだろう。

しかし、現実には、「最高裁判所が判例だと考えているものが判例だ」[46]ということは認めざるをえないだろう。問題点を指摘することは可能であるとしても、批評そのものが現実の「判例」を変えるわけではないのである。公的な権限を何ら有していない私たちは、公の機関によって「判例」と扱われているものを前提に、議論を進めるしかない。

また、過去の判決文に含まれる一般的抽象的な法命題を「判例」として扱うことを、理論的に擁護することは、不可能ではない。Dworkinの「ルール」と「原理」の区別[47]を基に考えてみよう。ルールは、特定の結論を白か黒かのかたちで明確に示すものである。例えば、「遺言は3人の証人の署名がないかぎり無効である」、「高速道路の制限速度は60マイルである」といったものが挙げられる。ルールが無効なものでない限り、ルールに事実を当てはめれば、特定の結論が下される。もちろん、事実の評価や当てはめ方には複数の主張の余地がありうる。ただ、1つの事件の解決を導く際に、複数のルールが競合しているということはありえない。

これに対し、原理は、議論を一定の方向に導く根拠を示すものであり、ルールと異なって、特定の結論を必然的に生み出すようなものではない。例えば、

「いかなる者も自ら犯した不法により利益を得てはならない」という命題が挙げられる。そして、1つの事件の解決に際して、複数の原理が衝突することがある。この場合、それぞれの相対的な重みまたは重要性を考慮することになる。つまり、異なる結論に向かう複数の原理が存在しうるのであり、1つの事件の解決のために、どの原理が優先されるのかを考える必要がある。

以上のような理解によれば、過去の判決文に示された（または過去の判決文から読み取れる）一般的、抽象的な命題であっても、後の裁判において一定の働きをすることが期待される。だとすれば、府学連事件判決を、次のように扱うことは不当ではない。すなわち、当判決は、警察による容ぼう等の無断の写真撮影が許される要件を示しただけでなく、「個人の私生活上の自由が、国家権力の行使に対して保護される」、「個人の私生活上の自由も、公共の福祉のため必要がある場合には相当の制限を受ける」という一般的命題を、憲法13条を根拠にして導いた、と。

憲法上明文にない権利自由であっても、憲法13条を根拠に「個人の私生活上の自由」として保障される。だからこそ、警察が無断で容ぼう等を撮影することはまったくの自由ではなく、一定の要件を満たす必要があるし、指紋押なつ制度の合憲性も、立法目的の合理性と必要性、手段の相当性を満たす必要があるとされた。また、住基ネットで扱われる個人情報についても、第三者に開示又は公表される具体的な危険があるかどうかの検討が行われている。府学連判決は、個人の私生活上の自由が憲法13条を根拠にして保障されることを、法原理として示したのである。

ただし、憲法13条を根拠にして保障される私生活上の自由も、公共の福祉による制限を受ける。これも忘れてはいけない。府学連判決は、憲法13条によって、個人の私生活上の自由が保障されることと、その自由が公共の福祉による制限を受けることを示したのである。

第3節　憲法13条解釈における判例と学説の距離

1. 距　離

（1）疑問の提示

　以上のような私の判例分析は誤りを含む可能性がある。それを認めつつ、ここで提示したいのは、これまでの憲法13条解釈に関わる学説の議論が、日本の判例分析を前提にして行われていないのではないか、という疑問である。

　これまでの学説は、学説を前提とした判例分析をする傾向がなかったか。日本の判例より学説の議論の方の重要であるかのような語り方をしてこなかったか。A説、B説と紹介した後に「判例は、…」と述べるような概説書や評釈の書き方に、そのような傾向が見て取れないか。

（2）距　離

　日本の裁判所の判断を拘束するのは、日本の裁判所の判例である。学界の通説ではない。日本の裁判所で憲法13条違反を主張するならば、日本の最高裁が行った憲法13条に関わる判断を前提にすることになる。

　最高裁は、憲法13条の裁判規範性[48]について議論することなく、割とあっさりと私生活上の自由が憲法13条で保障されるとしている。その上で、私生活上の自由の一つとして数種類の自由が憲法上保障を受けるとする。ただ、この自由も公共の福祉のため必要なときは相当の制限を受けるので、自由の制限が憲法に反するかどうかは、別途検討が必要となる。また、そもそも自由が侵害されていないと評価する場合もありうる。

　憲法上明文になく、判例にも表れていない権利自由の侵害を憲法13条違反だと主張するには、どうしたら良いか。上のような判例理解を前提とするならば、①個別具体的な事案で問題となる権利自由が「私生活上の自由」の一つとして、憲法13条によって保障されている、②その権利自由が侵害されている、③その侵害は不当である（公共の福祉に基づく相当な制限とは言えない）、といった主張を行うことになるだろうか。

先に見た憲法13条の保障範囲に関わる学説の議論枠組みは、①についてのものだということになる。つまり、ある権利自由が憲法13条の保護範囲に含まるかどうか、含まれるものと含まれないものをどうやって切り分けるか、含まれないとされる権利自由をどうやって救済するのか、といった議論を、学説はしてきたのである。

ただ、そこで用いられている「人格的利益」とか「一般的自由」といった言葉は、最高裁で書かれた文章の中には出てこない。用いられているのは「私生活上の自由」という言葉である。また、学説の保障範囲に関わる議論が、判例の「私生活上の自由」と意識的に結びつけて行われているようには見えない。

要するに、程度の大小の評価は別にして、権利規定としての憲法13条の保障内容については、判例と学説との間に距離または隔たりがあるのである。

私法上の自己決定権の問題についても、最高裁の事案の処理の仕方は「憲法学説の一般的な理解とは立場を異にするものといわざるをえない」と言われる[49]。問題は、この違いをどう評価するか。判例と学説とが異なる立場をとるのは、良いことなのかそうでないのか。良くないとすれば、判例と学説のどちらがどのように考え直すべきなのか。

2. 裁判官に学説を採用する義務はない

(1) 研究者の身の程

憲法13条解釈に限らず、研究者の間での通説を判例が採用しないことが、非難されるべき現象だと考える研究者は少なくないように思われる。「裁判所はもっと学説を踏まえた議論をすべきである」、と。これは判例と学説の距離を改善対象と評価した上で、その責任を裁判所側に帰する議論と言える。例えば、「憲法研究者の間の通説といってよいような結論さえ、裁判所に受け入れられないことが稀ではない」[50]というような言い方には、どこか裁判所に対する批判が混じっているように読める（通説となっても裁判所に影響力を与えることのできない、学説の非力さ、無力さを嘆いているとも読めるが）。

しかし、当たり前だが、裁判所が通説を採用しないことが悪いと、当然には言えない。裁判所の判断と学説が異なる場合に、裁判官の態度を非難するためには、学説の方が妥当だという評価を前提とする必要がある。学説の方が妥当

だと言うには、どうしたらいいのだろうか。

　判例と学説のどちらが妥当かについて一般的に述べることはできない。その答えは具体的な問題状況によって異なるだろう。ただ、法律実務に従事しない研究者が憲法解釈を提示する際に心に留めておくべき事柄はあると思われる

　以下、いくつかの仮説を提示し、これらを前提に話を進めることにする（既にこれらを前提とする記述もした）。以下に示す仮説は、私には当たり前のこととしか思えず、積極的な理論的正当化のイメージが難しい。とりあえず仮説として示し、反論を待ちたいと思う。

〈仮説1〉　憲法解釈問題に唯一絶対の正解は存在しない。

　憲法解釈問題について、誰もが反論不可能なほどに明確な正解は、存在しない。これを前提にして、以下の議論は進めていく。もし、唯一絶対の解答が存在するならば、研究者が裁判所の憲法解釈とはまったく別個に、独自にその解答を追い求めることができる。しかし、本書ではそのような解答は存在しないという前提で考察を行っていく。唯一絶対の解答が存在するような憲法問題もあるのかもしれないが、そのような問題についてわざわざ議論する必要はないだろう。

　ただし、以上の前提は法解釈の客観性を否定するものではない。唯一絶対と言えるほどの解答がないことをもって客観性を否定する論もありうるが、この立場は一定の「客観性」理解を前提としている。そして、その「客観性」理解は唯一絶対のものではない。詳しくは、第4章で論じる。

〈仮説2〉　裁判官は学説に従う義務はない。

　理由は単純。そのような制度はないからである。裁判所（特に最高裁）の判断は判例としての力をもつ。もちろん、変更は可能であるが、個別具体的な事案ごとに変更されうるほど簡単に変えられるものではない。それは制度として認められている。これに対して、「学界での通説」は、公的には、誰も、拘束しない[51]。裁判官は、現場で仕事をする際、当事者の主張に学説が含まれている等、紛争の解決に必要だと自分達が判断した場合でなければ、学説がどのような議論をしているかを、気にかける義務もない。

〈仮説3〉　実務に携わる人達にとっては、学説よりも判例の方が重要である。

　判例は、公的機関の見解であり、頻繁に変更されるような性質のものではな

い。特に法律実務家は、判例を無視するわけにはいかない。判例とは異なる立場をとるにしても、判例の存在を前提としながらその批判をしなければならないのである。

　判例と学説が異なる議論をしている場合、実務家がまず見るのは、判例である。少なくとも、判例を無視することはできない。一方、実務家が無視しても差し支えない学説は多い。

（２）　憲法13条解釈における学説と判例の距離
　以上を前提にすると、憲法13条解釈に関わる学説の議論、特に保障範囲に関わる議論は、裁判実務にとって、現在のところ、大きな意味はない。
　憲法13条は「私生活上の自由」を保障しているという京都府学連事件最高裁判決は、複数の判決で引用されており、判例として存在している。裁判上、憲法13条を根拠として権利主張するには、府学連判決を引用しながら、当該権利は憲法13条が保障する「私生活上の自由」に含まれると言うことになる。訴訟当事者が憲法13条違反を主張するとしても、憲法13条の保障内容について、人格的利益説と一般的自由説のいずれが妥当なのかなどと論じる必要はない。
　また、府学連判決で、最高裁は、学説で議論されていた幸福追求権の具体的権利性の問題にけりをつけるために判決を書いたわけではない。
　憲法13条解釈について言えば、現在のところ、最高裁は、（補足意見等も含め）人格的利益か一般的自由かといった議論に一切触れようとしていない。その意味で、学説の議論は裁判所に対する影響力を持っていないように見える。もちろん、長いスパンで考えれば、徐々にでも実務に対する影響力を増していくという事態は十分に考えられる。ただ、現状認識は、しっかりとしておく必要があるだろう。判例と噛み合わない議論をしていても、裁判所がいずれかの学説を採用する確率は低いのではないだろうか。
　本書は以下のような見解に同意する。「判例というものを（…）現実的に考えると、判例と学説とが本来の意味で対立するということはありえないはずである。『通説』とは、裁判所にゆけば、おそらくそう判断されるであろう判決・学説をいうのであって、判例とは別に、これと異なった『通説』というも

のが存在しうるはずはない」[52]。「判例における法解釈は、法の定立機関内部の法生成過程（具体的適用過程）そのものであるのに対し、学説における法解釈は、その生成過程への外部からの批判活動であるから、判例を動かすことを射程距離に入れた作業でなければ、すくなくとも現実的な意味はない」[53]。これらの見解の基本にあるのは、裁判所の判断に対して、「第三者の立場からその内容の当否を批判することはもとより自由であるが、そのこととは別に、それが国の判断として一つの権威をもつことを認めないわけにはいかない」[54]という現実的な認識だと思われる。私もその認識の重要性に同意する[55]。

【第1章要約】
・裁判所における解釈適用を念頭に置いた（置いていると思われる）憲法13条解釈に関わる学説は、以下の論点について議論をしてきた、とされる。
　（ア）憲法13条を具体的権利の根拠とすることはできるか。
　（イ）憲法13条を根拠とする権利の保障内容はどのようなものか。
　（ア）は幸福追求権の具体的権利性、（イ）は幸福追求権の保障範囲の問題として語られることが多い。
　（ア）について、具体的権利性を認めるのが通説とされ、（イ）については、人格的利益説と一般的自由説が代表的な学説とされる。

・しかし、現実の日本の裁判所は、以上のような議論に付き合っていない。最高裁は、幸福追求権の保障範囲を限定すべきだとか、すべきでないといった議論を一切していないのである。

・判例の拘束力とは、同様の事案には同様の解決を与えるべきだとの要請である。そして、「判例」とは、裁判所が結論を導くためにする法律問題の判断である。以上を前提とすると、今のところ、京都府学連事件最高裁判決で示された「判例」は、以下のようなものだと考えられる。
　①憲法13条によって国民の私生活上の自由が保護される。
　②個人の私生活上の自由の一つとして保障される自由も、公共の福祉による制限を受ける。

・このような分析が誤っている可能性はある。ただ、そもそもこれまでの学説は、学説を前提とした判例分析をする傾向があった。日本の判例より学説の議論の方の重要であるかのような議論をしてきた疑いがあるのだ。それは、A説、B説と紹介した後に「判例は、…」と述べるような概説書や評釈の書き方に表れている

と思われる。

・裁判官に学説を採用する義務はない。また、学説の動向を気にする義務もない。それなのに、日本の学説は、日本の判例と距離のある議論をしてきた。判例と噛み合っていないのである。判例と噛み合わない議論をしていても、裁判所がいずれかの学説を採用する確率は低いのではないだろうか。

注

1) もっとも、他の2つの選択肢は判例の理解を問うものであり、いずれも誤りだとわかれば、本問の解答は可能である。
2) 体系書と教科書の区別は難しい場合もあるが、ここでは、主に憲法を専門に研究している人達が執筆している本を指す。
3) 例えば、最近出版された本では、辻村 2009、66-74 頁（佐々木くみ執筆）。大石・大沢 2009、53-58 頁（大沢秀介執筆）。
4) 例えば、渋谷 2007、173-174 頁、辻村 2008、170-171 頁。
5) 例えば、内野 1991、323 頁、内野 1995、42 頁、竹中 1996、31 頁、土井 1996、95 頁、工藤 1997、192 頁。ただし、「実際にはこうした限定の有無のみに基づく二分法が成り立つほど議論は単純ではない」ことも、気づかれている。丸山郭裕 1999、164 頁。
6) 藤井 1998、327 頁。
7) 芦部 1994、341、344 頁。
8) 戸波 1993a、350 頁。
9) 戸波 1993a、351 頁。
10) 戸波 1996、15 頁。
11) 例えば、伊藤真『伊藤真試験対策講座5 憲法（第3版）』（弘文堂、2007）158-160 頁。
12) 例えば、「そのままでよいかどうか調べること。特に、国家機関が思想統制・治安維持などの目的から、出版物・映画・放送・郵便物など表現内容を調べて取り締まること。」（北原保雄編『明鏡国語辞典』（大修館書店、2002）
13) 最大判昭和59年12月12日民集38巻12号1308頁。「憲法21条2項にいう『検閲』とは、行政権が主体となって、思想内容等の表現物を対象とし、その全部又は一部の発表の禁止を目的として、対象とされる一定の表現物につき網羅的一般的に、発表前にその内容を審査した上、不適当と認めるものの発表を禁止することを、その特質として備えるものを指す」。
14) 本書は、判例の「拘束力」が、「法的」拘束力なのか、それとも「事実上の」拘束力なのかといった議論に、興味はない。
15) 裁判所法10条3号。
16) 田中成明 1994、62 頁

17) 田中英夫 1974、197 頁、田中成明 1994、62 頁、佐藤 1984、271 頁、Dworkin 1977, 113 (邦訳 140 頁)。
18) 田中英夫 1977、5 頁。
19) 佐藤 1984、271 頁。
20) 佐藤 1984、278 頁。
21) 田中英夫 1974、197-198 頁。
22) 田中英夫 1974、202 頁。
23) 田中英夫 1974、208 頁。同趣旨の説明として、佐藤 1984、279 頁。「先例性を ratio decidendi に限定するのは、司法が抽象的規範の定立ではなく事件の処理を本来的任務とするものであること、事件の真の争点に即した法準則が最も信頼に足るものであること、かくすることによって裁判のコントロールが可能となること、に基づく」。
24) 田中英夫 1974、202-215 頁。
25) 中野次雄 2009、52 頁も参照。「裁判の使命はあくまで個々の具体的事件の解決にあるのであって、一般的な法原則を宣明することにあるのではない。法律的な問題についていえば、その事件の論点についてどういう結論を下したかが最も大事なことなのである。それが裁判における法的判断の本質的部分なのであり、この結論判断こそ裁判官の固有の活動だといわなくてはならない。」
26) 中野次雄 2009、44-46 頁。
27) 田中英夫 1974、209 頁。田中英夫 1977、43-44 頁。
28) 田中英夫 1974、213-214 頁。
29) 中野次雄 2009、67-68 頁。
30) 平野 1966、69 頁。
31) 藤井 1998、99 頁。「あらかじめ明確な内容をもつ先例が存在し、その内容にのちに裁判所が『拘束』されるという理解は一面的であるというべきであり、のちの裁判所による解釈をつうじて先例が明確化され、内部矛盾のない先例の『物語』が形成されるという側面もまた無視することができない」。中野次雄 2009、43 頁も参照。
32) 前田 2007、511 頁。
33) 京都地判昭和 39 年 7 月 4 日刑集 23 巻 12 号 1655 頁。
34) 大阪高判昭和 40 年 4 月 27 日刑集 23 巻 12 号 1600 頁。
35) 東京地判昭和 59 年 1 月 12 日刑集 40 巻 1 号 84 頁。
36) 東京高判昭和 59 年 7 月 17 日刑集 40 巻 1 号 89 頁
37) 神戸地判昭和 61 年 4 月 24 日刑集 49 巻 10 号 1080 頁。
38) 大阪高判平成 2 年 6 月 19 日刑集 49 巻 10 号 1096 頁。
39) また、本件以外にも同様の訴訟が提起されている。岡村 2005、右崎 2007 参照。
40) 住民票コードをマスターキーとして用いて本人確認情報を他の個人情報と結合する、デー

タ・マッチングの危険性が指摘されている。

41) 大阪地判平成16年2月27日民集62巻3号760頁。
42) 大阪高判平成18年11月30日民集62巻3号777頁。
43) 涌井紀夫（裁判長）、横尾和子、甲斐中辰夫、泉徳治、才口千晴。
44) TKC法律情報データベースを参照。例えば、最判平成20年4月15日刑集62巻5号1398頁。本判決では、府学連判決（及び自動速度監視装置事件判決）について、「警察官による人の容ぼう等の撮影が、現に犯罪が行われ又は行われた後間がないと認められる場合のほかは許されないという趣旨まで判示したものではない」としている。
45) 最判平成17年11月10日民集59巻9号2428頁。
46) 中野次雄 2009、67頁。
47) Dworkin 1977, 22-28（邦訳14-23）.
48) 「意見」として否定的な見解が示されたことはある。賭場開帳図利事件判決（最大判昭和25年11月22日刑集4巻2380頁）栗山茂裁判官の意見参照。
49) 矢島 2007、470頁。
50) 高橋 1995、ⅱ頁。
51) 宮沢 1968、67頁。
52) 平野 1966、69頁。「ところがわが国では、学説と判例が対等のものと考えられているためか、判例と対立した『通説』というものが存在している」。
53) 田宮 2000、38-39頁。
54) 中野 2009、20頁。
55) また、棟居 2006、ⅰ。「いつの世も学界で流行るのは、外国産のニューモードを追いかけることで、自分やこの国の人々がそれをどう着こなすのかなど二の次ということになる。そこで『こんな事件は、アメリカなら原告の勝ちに決まっている』とか『ドイツなら、裁判所がちゃんと面倒をみてくれる』とかが学者の決まり文句になるのだが、そんなことを日本の裁判所に言いにいっても、ヘソを曲げられるだけだ。裁判で勝ちたければ、当たり前だがそれなりの作法が要るのである」。

第2章　学説同士も噛み合っていない
―― 憲法 13 条解釈を支える一般理論の存在 ――

【導入】

- 1 章では、「判例」と「学説」を対置するかたちで検討を行った。このような並べ方をすると、学説同士の議論は噛み合っているかのようであるが、実際にはそうではない。

- 本章では、5 人の論者の憲法 13 条解釈論を検討の対象とする。従来の学説の枠組によると、彼らの学説は次のように分類されることになる。人格的利益説（佐藤、芦部）と一般的自由説（戸波、阪本）、あるいは質的限定論（佐藤、芦部、松井）と量的拡張論（戸波、阪本）というかたちである。

- しかしながら、保障範囲の広狭を中心的論点とする学説の枠組にそのまま取り込んでも支障が生じないのは、芦部説、戸波説だけである。残りの 3 人の論者の憲法 13 条解釈論を従来の枠組みに取り込むには、それぞれの重要な理論的要素を積極的に無視しなければならない。

第 1 節　人権の基礎づけ論と憲法 13 条の保障内容

　本章で主に考察の対象とするのは、佐藤幸治、芦部信喜、戸波江二、阪本昌成、松井茂記、の 5 人の論者の憲法 13 条解釈論である[1]。それぞれの憲法 13 条解釈論の具体的な内容については、これまでも多くの論稿によって紹介がなされているため[2]、ここで詳しく紹介することはしない。本章での基本的な論点は、各論者の理論構造の違いにある。

　先に見た憲法 13 条解釈に関わる学説の枠組によると、5 人の論者の 13 条解釈論のうち、佐藤幸治説と芦部信喜説は人格的利益説、戸波江二説と阪本昌成説は一般的自由（権）説に分類される。ただ、憲法 13 条が保障するのは「政

治参加に不可欠な権利」だと主張する松井茂記説は、人格的利益説か一般的自由説かという整理の仕方では、どちらにも属さないことになる。この場合、憲法13条の保障範囲についての対立を「質的限定論」と「量的拡張論」との対立[3]と理解すればよい。こうすると、松井説は憲法13条の保障範囲を限定的に解するものとして、質的限定論の中に含めることができることになる[4]。

以下では、まず人権の基礎づけにまでさかのぼる人権理論と憲法13条の保障内容との結びつきについて検討を行う[5]。最初に、佐藤幸治の「人格的自律」の観念と芦部信喜の「人格的利益」の観念との違いを、両説の理論構造に焦点を当てて考えてみたい。両者は、少なくとも憲法13条解釈論に関しては、お互いを批判の対象とはしていないし、むしろ同じ立場に立つものとして考えているように思われる[6]。しかしながら、両者の憲法13条解釈の理論構造には大きな違いがある。そして、この違いは同じ一般的自由説を採るとされる戸波説と阪本説の理論構造にも見いだせる。

1. 佐藤説と芦部説の違い

（1） 佐藤説の理論構造

佐藤の「人格的自律権」とは、第一次的には、道徳理論的に基礎づけられた「人権」のことである。したがって、佐藤の理論体系の中では、憲法13条で保障されるべき新しい「人権」は、論理必然的に、新しい「人格的自律権」であることになる。これは、佐藤説に対する批評が合理的なものとなるためには、人権の基礎づけを含む人権理論の存在をきちんと意識する必要がある、ということを意味する。つまり、佐藤説を単に憲法13条の保障範囲を狭める説として扱うのは、誤りなのである。

まずは、そもそも基礎づけ論とは何か、について考えてみよう。人権理論には、大きく分けて2つの次元が存在する。人権価値を前提とした上でその内容を問う次元と、人権価値について積極的な正当化を行う、いわゆる人権の基礎づけの次元である[7]。

人権に価値があるというのは、自明の事柄ではない。例えば、「命は、平等に、価値がない」[8]とか「誰にも平等なのは…死だけだ」[9]といった考えもありうる。これに対し「常識がない」と言っても、それは論理的な批判ではな

い。そもそも人によって「常識」は異なるわけで、だからこそ理論的正当化が必要となる。もちろん、論理による説得という方法が共有されていなければ、それも不可能なのであるが。

ただ、少なくとも、「人権には価値がある。では、その内容は？」という問いから始めるのと、「人権には本当に価値があるのだろうか。あるとすれば、それはなぜか」という問いから始めるのでは、出発点がまったく異なるし、理論展開の仕方もまるで違ってくる。そして、後者の、人権価値について理論的な正当化を行おうとするのが、人権の基礎づけ論である。

佐藤の基礎づけ論は、宮沢俊義の人権の基礎づけに対する疑問から出発している。宮沢は、人権を「『人間性』からいわば論理必然的に生ずる権利である」とし、その根拠について次のように言う。

> だから、ここで重要なのは、神だの、自然法だのではなくて、人権は全ての人間に生来的に、一身専属的に附着するものであり、実定法で制限することができない、ということである。人権に関するこの命題が成立しさえすれば、その根拠は、神でも、自然法でも、そのほか何でもさしつかえない。
>
> 今日多くの国では、人権を承認する根拠として、もはや特に神や、自然法をもち出す必要はなく、『人間性』とか、『人間の尊厳』とかによってそれを根拠づけることでじゅうぶんだと考えている[10]。

これに対し、佐藤は、「問題は『この命題』がいかに成立しうるかである」[11]として、宮沢の根拠づけ（人権の基礎づけ）に疑問を提示している。「実際、かつては、人権ないし自然権は、神ないし創造主によって与えられ、あるいは自然法や理性に基礎をおくものだとされ、あるいは『自明のもの』とされた」が、「宗教的信条や自然法論が退潮し、『自明』性が失われれば、人権ないし自然権は一体何によって根拠づけられることになるのか」。「人間性」によって根拠づけられるといっても、「そこにいう『人間性』とは何を意味するのか、それは何故に『人権』の根拠たりうるのか」[12]。

以上要するに、人権の基礎づけ論とは、人権が価値を持ったものであることを自明のものとして前提とせずに、なぜ人権が価値あるものとして正当性を主張できるのか、を問う議論であると言える。

ここでは、「人権」と実定憲法が保障する権利は一応別個のものとされてい

る。佐藤の論において、「人権」は、実定憲法が保障するものとして定義される「基本権」とは区別された「道徳的権利」のことを指す[13]。そして、「『道徳的権利』としての『人権』が、憲法の明文上ないし解釈上の根拠を有するとき」、それが「基本権」と呼ばれることになる[14]。したがって、「人権」は、「『基本権』として実定憲法に取り込まれているものもあれば、取り込まれていないものもある」[15]。

このような実定憲法上の権利とは区別された「人権」を根拠づけるために、佐藤は、ゲワースの道徳理論（哲学）を参考にし、それに依拠している[16]。その上で、人権の観念について、ゲワースの他、リチャーズ、ヤング、ラズ等の道徳理論からヒントを得ながら[17]、「人格的自律権」を提唱する。

> 人権とは、人が人格的自律の存在として自己を主張し、そのような存在としてあり続ける上で不可欠な権利であると解される。かかる権利は、道徳理論上各人に生まれながらにそなわる権利であり、その意味において、普遍的な道徳的権利である。したがって、道徳的権利としての人権は、国家の承認をまってはじめて存在する権利ではない。そうした意味において、人権は『自然権』であるということができよう（傍点原文）[18]。

佐藤の論において、「人権」は、人が享有することを前提とした上で内容が考えられているものではなく、人が享有することの根拠と合わせて内容が問われるべきもの、として考えられている。その根拠づけは道徳理論によって行われており、だからこそ「人権」は、「道徳理論上各人に生まれながらにそなわる権利」なのである。

佐藤は、このような実定憲法上の権利とは区別された「道徳理論上の普遍的な規範概念」としての「人格的自律権」を、憲法典が「導入」している、と言う[19]。その根拠条文が日本国憲法13条である。前段の「個人の尊重」が自律的な具体的人間を大事にしようとする趣旨を示したものであり、後段の「幸福追求権」は「そうした人間の自律的生を可能ならしめるべく包括的・一般的に権利として捉えたもの」を保障しているのだ、と[20]。つまり、佐藤の論は、「道徳理論によって『人権』が基礎づけられ、そのような『人権』が憲法典によって憲法的世界に取り込まれるという議論構造」[21]を持つ。そして、ここに憲法13条の「幸福追求権」の内実は「人格的自律権」として捉えられること

になる（基幹的自律権／個別的自律権の区別については、後述する）。

以上のように、佐藤の「人格的自律」の観念は、人権の基礎づけ理論にまで遡るものである。もちろん、人権の基礎づけ論から憲法13条解釈に関する主張がはすべて演繹的に導かれているわけではない。その意味で、佐藤の憲法13条解釈論にとって、人権の基礎づけ論は必要条件ではあるが、十分条件ではない。

ここで確認しておくべきは、佐藤の「人格的自律」の観念は、人権の基礎づけ理論から導かれるもので、これを放棄すれば佐藤の憲法13条解釈論自体成り立たなくなる、という性質をもつということである。佐藤の憲法13条解釈論を正面から批判するならば、彼の人権の基礎づけにまでさかのぼる人権理論を無視できないし、無視した議論は一定の不合理さを抱えることになる。

(2) 芦部説の理論構造

芦部の「人格的利益」の観念が、佐藤の「人格的自律」の観念と決定的に異なるのは、それが人権の基礎づけを含む人権理論から導かれたものではない、というところにある。「人格的生存に不可欠」という観念は、「人権のインフレ化」や「裁判官の主観的価値判断によって権利が創設されるおそれ」を解消するために設定された「幸福追求権の内容をいかに限定して構成するか」という課題[22]に対応するための基準の一つである。佐藤説のように基礎づけ論との連続性を有するわけではない。

先に見たように、佐藤の基礎づけ論は、宮沢俊義の人権の根拠づけが不十分である、との評価を出発点としている。そして、その問題意識から道徳理論によって人権を基礎づけ、「人権」を道徳的権利としての「人格的自律権」であるとした。これに対して、芦部の人権の基礎づけは、宮沢の基礎づけに全面的に依拠している[23]。

芦部の憲法13条解釈論において「人格的利益」という観念が用いられたのは、主に「幸福追求権の内容をいかに限定して構成するか」という課題[24]に対応するための具体的基準が必要である、という理由による。そして、幸福追求権の内容の限定の問題は、裁判官の判断の仕方が問題とされていることから、実際の裁判レベルでの問題であると思われる。これは、いわゆる幸福追求

権の保障範囲の議論に対応する。つまり、芦部の論における「人格的利益」は、裁判における具体的な憲法13条の保障内容を考える際の判断基準（限定の基準）として働く。「人格的利益」は人権の基礎づけ論にまで遡るものではなく、あくまで限定の要請を満たすために考えられた基準の一つである[25]。

（3）佐藤説と芦部説の違い

この点で、芦部の「人格的利益」は、佐藤の「人格的自律」とは決定的に異なる。芦部の「人格的利益」は、人権の基礎づけ論から導かれるものではないし、また、佐藤の「人格的自律」のように道徳理論的な意味を与えられてもいない。

芦部は、日本国憲法が保障する基本的人権について、「人間が社会を構成する自律的な個人としてその自由と生存を確保し、もって人間の尊厳性を維持するため、それに必要な一定の権利が当然に人間に固有するものであることを前提として認め、そのように憲法以前に成立していると考えられる権利を憲法が実定的な法的権利として確認し、これを不当な侵害から擁護する、という趣旨を示したものと言うことができよう」（傍点原文）とする[26]。

「自律的な個人としてその自由と生存を確保」するという部分に、佐藤と同じ人権の内実理解を見ることも可能だろう。しかし、これは人権価値を前提とした上での内実理解である。「一定の権利が当然に人間に固有するものであること」についての積極的な理論的正当化、すなわち佐藤が行っているような人権の基礎づけは行われておらず、既に「前提」とされている。

佐藤の「人格的自律権」は、人権の基礎づけに関わる議論から導かれたものであり、その出発点は宮沢の基礎づけ批判にあった。そして、「人権」の内実である人格的自律権は、基礎づけ論に裏付けられ、これと連続性を持つものである。これに対して、宮沢の基礎づけに全面的に依拠する芦部の論は、基礎づけ論と「自律」の観念との連続性が存在しない。

この違いは、両者の道徳理論（哲学）に対する距離の置き方にも原因の一端があるように思われる。芦部は、人権に関して「憲法解釈はもちろん哲学それ自体ではない。それらの異なる人間観を前提として、人権宣言史と実定憲法の体系とを総合的に考慮し、憲法の保障する人権の観念を考えれば足りる」[27]

としている。これに対して、佐藤は「人権」に関する哲学的議論を積極的に取り入れている[28]。実際、彼の人権の基礎づけ論や人権の観念理解はゲワース等の道徳理論に多くを負っている。佐藤からすれば、「憲法解釈は哲学そのものではないが、かといって無関係でもない」ということになるのだと思われる[29]。

　芦部説における「人格的利益」は保障範囲の限定のために持ち出された観念である。したがって、芦部の「人格的利益」に関わる議論は、保障範囲の問題として捉えれば良い。これに対して、佐藤説における「人格的自律」は、元々範囲の限定の基準として提示されたものではなく、人権の基礎づけ論のレベルで持ち出されたものである。佐藤の「人格的自律」に関わる議論は、保障範囲を問題にするだけではなく、人権の基礎づけの問題にまで踏み込む必要があるのである。

　現実の裁判における判断レベルでの「限定」の基準としてのみ働き、平面的な意味しか持たない「人格的利益」に保障範囲が限定されるとすれば、憲法13条の保障内容は「人格的利益」の内実理解に決定的に依存することになる。しかし、佐藤の「人格的自律権」は、「人権」レベルでの内実理解が憲法13条の保障内容に直結するわけではない。なぜなら、「人権」としての人格的自律権は、道徳理論によって構成された理念レベルでの抽象的な概念であり、現実の裁判での救済に関わる議論とは一定の距離があるからである[30]。つまり、道徳理論上の普遍的な規範概念としての「人格的自律権」は、憲法上の権利として裁判上の救済を受けるものとしての「人格的自律権」にとっての必要条件であるが、十分条件ではない。

　もちろん、理念的な「人権」を現実の裁判においていかに実現するのか、あるいはそのような人権の理念的な把握は必要がないのではないか[31]、という問題提起は可能であろう。ただ、これを佐藤理論に対する批判として成立させるためには、佐藤の問題意識を踏まえた上で、佐藤が行っているような理論構成は必要がない、ということを理論として提示し正当化する必要がある。

2. 阪本説と戸波説の違い

　人権の基礎づけ論との連続性という視点から見れば、佐藤説と芦部説の間にある理論構造の違いは、一般的自由説を採用するという点で同じ立場に立つとされる、阪本説と戸波説の間にもある。

　阪本も佐藤と同じく宮沢の基礎づけに満足しておらず、「『人間が人間である限り人権を有する』との命題の立て方は、人権を人間の論理的前提としているにとどまり、倫理的根拠づけをしていない」とし、この問題意識から、憲法典とはさしあたり離れたところで基礎づけを行っている。

　ただ、人権を「人格」や「理性」、「自律」といった道徳的根拠によって支えることは、「日常的に卑近な目標を排除する、不可解な道徳的主体」を「法の理想像」とすることにつながる、として拒否し、「人権や自由の基盤は、ありのままの人間のあり方を経験論的に直視したうえで、語られねばならない」と主張する[32]。人権の基礎づけは、「人間は、高度に合理的・理性的ではなく、誤りを犯しやすい、自己愛を最重視する存在」であること、「人間は個別的で多様な存在である」ことを出発点として理論的に構成されており[33]、結論として、阪本は、「人権」を「一般的自由」を淵源とするものだと述べる[34]。

　阪本の論にあっては、「一般的自由（権）」の観念は、人権の基礎づけ論によって導かれたものであり、この理論は、日本国憲法を解釈する際の基本理論としても使用されている[35]。当然、憲法13条も例外ではない。憲法13条の「『幸福追求権』は、（…）個別・多様な人間が、有限知のなかで、実践知を習得しながら、他者からの強制を受けることなく、自己愛を最大化するための『一般的自由』を保障しているのである」[36]。

　また、人権の基礎づけ論において理論的に構成された「一般的自由」がそのまま具体的な裁判レベルにおける憲法13条の保障内容となるわけではなく、「『一般的自由』は、二次ルールを通して、『憲法13条上保護されるべき自由である』と公機関によって確認されたとき、『△△の自由権』と称せられるに至る」[37]。阪本の憲法13条解釈論にとっても、人権の基礎づけ論は必要条件ではあるが、十分条件ではない。

　以上のようなかたちで、阪本説には、人権の基礎づけ論と憲法13条解釈と

の連続性が存在し、この点で、阪本説は、佐藤説と同じ理論構造を持つ。つまり、阪本の「一般的自由」の観念は、人権の基礎づけ理論から導かれるもので、これを放棄すれば阪本の憲法13条解釈論自体成り立たなくなるのである。そして、阪本の憲法13条解釈論を正面から批判するならば、彼の人権の基礎づけの存在をきちんと視野に入れる必要がある。

これに対して、戸波は、人権の基礎づけに関しては、芦部と同じく、宮沢の基礎づけに依拠している[38]。戸波は、人権の観念について、「憲法以前に、すなわち、『人間性』から論理必然的に派生するもの」という宮沢の説明を「基本的に支持されるべきである」としながら、「とはいえ、この理解だけで実際の社会生活の中での人権保障の意味が説明できるわけではない」と言う。これは、人権価値の正当化については、宮沢の説明を前提としながら、人権の内実を問う、という方向を採っているものと思われる。つまり、戸波説における「一般的自由」の観念は、人権の基礎づけ論から導かれているわけではない。

「一般的自由」の観念は、人格的利益や他の基準によって自由を「限定すべきでない」という理由から導かれるもので、これは芦部の「人格的利益」と同じく具体的な判断レベルでの、いわゆる保障範囲の問題領域において働くものであると考えられる。

阪本は、宮沢流の人権の基礎づけに満足せず、憲法典とはさしあたり離れたところで理論的な基礎づけ[39]を行い、そこから人権の内実を導き出しながら、これを憲法13条解釈の基本理論として用いている。これに対して、戸波説には、人権の基礎づけ理論との連続性が存在しない。つまり、阪本の「一般的自由」の観念は人権の基礎づけ論にまで遡るものであるが、戸波の「一般的自由」は、人権価値を前提とした上で、さらに憲法13条の具体的権利性を前提とした上で、憲法13条の保障範囲について論じられているものであり、この点で両者は決定的に異なる。

3. 憲法13条によって新しい権利が保障される理由

佐藤、阪本は憲法13条によって明文にない権利が保障される理由づけについても、自己の人権理論と結びつけて行っている。

佐藤は以下のように説明する。憲法13条によって保障される「『人格的自

律権』は各種の人権が流出派生してくる大本となる権利(「核となる権利」)であり、その意味でこれを『基幹的自律権』と呼ぶことができる。この『基幹的自律権』から流出派生してくる権利を『派生的(あるいは個別的)自律権』と呼ぶことができる」[40]。そして、憲法「13条はまず何よりも『基幹的自律権』を明らかにするものであり、各種基本的人権は『基幹的自律権』から派生しそれを具体的に実現するもの」である[41]。

佐藤の論に従えば、憲法の明文で定められた信教の自由や表現の各種の派生的(個別的)自律権は、憲法13条が導入している基幹的自律権を実現するためのものだということになる。ただ、憲法上明文にある権利を保障しさえすれば、基幹的自律権が実現するとは限らない。「憲法は、『基幹的自律権』の具体的実現がそうした明文規定で掲げられる基本的人権につきると考えているわけではない」。ここから補充的保障の可能性が導かれ、「個別的人権規定の基底を支えるものないし個別的人権の間隙を埋めるものが13条によって独自に保障されることになる」と説明される[42]。

また、阪本の論においては、憲法上明文にない権利が憲法13条によって保障を受ける根拠は、次のように説明される。「自由すべてが憲法典に明示されることはない」。「法によって保護されている自由(一般的自由)は、その全体像を露わにすることなく、失われた局面ごとにその姿の一部を表すのである」[43]。つまり、憲法典の自由権規定は自由を明示しつくしたものではない。侵害されることで初めて姿を現した自由が、憲法13条の幸福追求権によって保障されることになる。そして、「『一般的自由』は、二次ルールを通して、『憲法13条上保護されるべき自由である』と公機関によって確認されたとき、『△△の自由権』と称せられるに至るのである」[44]。

以上のような説明に対し、芦部、戸波は、幸福追求権の具体的権利性を前提にした上で、保障範囲の議論をしている。佐藤、阪本の論は、人権の基礎づけにまでさかのぼる人権理論と、憲法13条によって明文にない権利が保障される理由、憲法13条の保障内容の理解が密接に結びついているが、芦部、戸波の主張にそのような理論構造は見られないのである。

4. 人権の基礎づけ論と憲法 13 条の保障内容

（1） 人権の基礎づけ論と憲法 13 条の保障内容の連続性

「人格的利益説」に属するものとして一括りにされることの多い佐藤説と芦部説は、その理論構造の点で大きく異なっている。そして、「一般的自由（権）説」として一括りにされることの多い阪本説と戸波説にも同じことが言える。理論構造の点では、佐藤説と阪本説が同様の構造を持っており、この両説の対立は人権の基礎づけ論にまで遡る。一方で、芦部説と戸波説の両説は、人権の基礎づけに関しては宮沢説を採用しており、対立は主に保障範囲に関するものである。

私は、先に見た保障範囲の広狭を基本的論点とする従来の議論枠組に適切に取り込めるのは、芦部説、戸波説だけだと考える。この両説は、人権の基礎づけにまでさかのぼる人権理論との連続性を持たない。議論の焦点は、明文にない権利が憲法 13 条によって保障されることを前提にして、憲法 13 条の保障範囲を限定すべきかすべきでないか、に当てられている。したがって、この両説は従来の枠組みに適合的である。

彼らの議論は、幸福追求権の保障範囲を限定することあるいは限定しないことによって起こり得る「不都合な結果」を語る部分に重点があるのであって、人権の基礎づけ論との結びつきから「限定すべき」「限定すべきでない」という主張が導かれているわけではない。

こうして見ると、佐藤が「『人格的生存にとって不可欠』という限定は、憲法によって保障さるべき自由の内容・範囲を不当に狭めるという後者の批判については、そういう批判が生ずるのもやむをえないという思いはしますが、それでは憲法の保障する人権とはいかなるものとして想定されているのかと反問してみたくなります」[45] と言うことには、十分な理由があることが分かる。佐藤の理論体系においては、憲法 13 条解釈に関わる議論と人権の基礎づけ理論は不可分のものなのであって、佐藤からすれば「広い保障範囲を持った人権」が一体どのように基礎づけられるのか、という疑問が生ずることになる。

その意味で、人権の基礎づけ理論が憲法 13 条解釈の基本理論として機能し

ている阪本説は、佐藤の反問に対する答えを持った議論であると言えよう。自律を中心に論じる佐藤の基礎づけ論に対して、自由を中心に論じる阪本の基礎づけ論。この両者の憲法13条解釈に関わる対立は、限定すべきかすべきでないかという保障範囲に関わる議論にとどまるものでは決してなく、人権の基礎づけ理論レベルにまで遡るものなのである。

だとすれば、佐藤説及び阪本説に対する批評は、限定すべきかすべきでないかという、保障範囲の広狭に関わる議論のみでなく、人権はなぜ価値があるのかを問う、人権の基礎づけ論にまで及ぶ必要がある。人権価値を既に前提とした議論では、決定的な批判とはならない可能性がある。なぜなら、人権の内実理解についていくら批判を行おうとも、なお「それではその人権がいかに基礎づけられるのか」という反問が、この両説からは可能だからである。

(2) 人間像

また、よく取り上げられる問題として、憲法解釈の際に想定される「人間像」の問題がある。この問題がなぜ論じられるのか、きちんと理解されているのだろうか。

佐藤、阪本が人間像について議論しているのは、人権の基礎づけレベルである。人権について、一般的、抽象的なレベルで議論をする際に、抽象的な「人間」が想定されるのである。もちろん、現実の、今、そこにいる人々をいかに救済するかの視点は必要だし、それらの人々の存在をどうやって一般理論に取り込むかの問題もある。

ただ、佐藤や阪本は、現実の、今そこにいる人々を念頭に置きながら、そこから一定の距離を置いて、一般的、抽象的な理論を展開していると考えられる。一般的、抽象的理論の展開には、ある程度現実の抽象化が必要となる。佐藤と阪本が「人間像」について対立するのは、その抽象化の仕方についてであり、その議論は人権の基礎づけに深く関わっている。

以上のように考えると、次のような疑問が生じる。人権の基礎づけのために持ち出されている「人間像」に対して、人権の基礎づけに関わる議論に参加せずに、批評を行うことが妥当なのだろうか。

（3） 理論構造の違い

　もっとも、この佐藤説、阪本説のような理論構造それ自体を問題とする議論の方向はあり得る。人権の基礎づけ論のような抽象的な理論に、具体的な条文解釈が左右されることを批判する方向である。つまり、佐藤、阪本の憲法13条解釈論に対する批判の仕方としてあり得るのは、彼らの人権の基礎づけ論にまで遡って批判を行うというのが1つ。もう1つは、このような条文解釈の在り方自体を問題視して、別の解釈アプローチを提示する、という方法である。

　ただ、これは「基礎づけ論は必要ない」とか「理論よりも実践を」という言葉を発する以外何の論理的説明もしないような単なる個人的な態度表明を行うだけでは足りない。条文解釈に際していかなる理論的要素を考慮すべきか、という解釈方法論レベルでの議論が必要とされる。

　いずれにしても、佐藤説、阪本説を、理論構造の違いを意識せずに、何の留保もなく、芦部説、戸波説と同じ保障範囲の広狭を中心的論点とする議論の枠組みに取り込むのは、間違いである。佐藤説と芦部説、阪本説と戸波説を基本的に同じ立場に立つものと理解した上で行われる議論は、噛み合わないものとなる。佐藤説、阪本説の理論構造を無視しているからである。

（4） 権利の重層構造

　また、佐藤説の特徴として、権利の重層的理解がある。佐藤は、「人権」には「背景的権利」、「法的権利」、「具体的権利」の3つのレベルがあるという[46]。「法的権利」は、憲法規定上の根拠をもち、憲法の基本権体系と調和するかたちで特定の条文に定礎できるものである。その背景には、法的権利の母体として「背景的権利」が存在する。「具体的権利」は、裁判所において実際上の救済を求めることができる権利である。

　憲法13条に関しては、憲法13条「後段の『幸福追求権』は、前段の『個人の尊厳』原理と結びついて、人格的自律の存在として自己を主張し、そのような存在であり続けるうえで必要不可欠な権利・自由を包摂する包括的な主観的権利である」とされるが、この権利は、具体的内容をもった「法的権利」として理解されている[47]。この権利の「背景的権利」レベルには、「道徳理論上

の普遍的な規範概念」としての「人格的自律権」が存在することになるだろう[48]。そして、憲法13条で補充的に保障される個別的自律権は、それ自体なお一般的であることから、具体的な法的保障を考える場合には、さらに個別類型化して考える必要があるとされる[49]。ここに「最狭義の人格的自律権」が含まれる[50]わけだが、個別類型化され憲法13条で補充的に保障される個別的自律権が、「具体的権利」レベルの権利だと考えられる。つまり、一口に「人格的自律権」と言っても、様々なレベルがあるのだ。

さて、佐藤は「自己決定権（最狭義の人格的自律権）」の内容としては、服装・身なり等について、「こうした事柄は、人によっては大事なものであるが、それ自体が正面切って人権かと問われると、肯定するのは困難だろう」と述べる[51]。ここで「人権」という言葉が使われているので、少し誤解が生じやすくなっている。こういった論述から、「人格的自律権」には服装や髪型の自由が含まれないと理解されてきたのだろう。しかしながら、佐藤の理論は服装や髪型の自由の保障を排除するものではない。

服装や身なり等については、将来、重要な類型として憲法上の保障を受けるようになる可能性は否定されていない[52]。もし、重要な類型とされるのであれば、幸福追求権の一内容として保障を受けることになる。以上考え合わせると、服装や身なりが憲法上の保障を受けないというのは、「具体的権利」性を否定する趣旨だと考えられる。

例えば、極端だが、無駄な個性は必要ないとの理由で、全国民に対して私生活においても制服着用や一定の髪型を義務づけるような法律が制定されたとしよう。この場合、佐藤説を採用したのでは、違憲論を展開できないのだろうか。

そんなことはない。各人が「自己の生の作者である」ことを内容とする「人格的自律権」[53]は、公権力による他律の試みに反発するものであって、幸福追求権として、憲法13条によって法的な保障を受けている。そして、必要ならば、新たな、具体的権利としての個別的自律権が、保障されることになる。

以上を前提とすると、佐藤の憲法13条解釈の総論的な部分、すなわち「法的権利」レベルの主張は受け入れながら、「具体的権利」レベルでは彼と異なる主張を行うことも可能である。例えば、「髪型の自由も自己の生の作者であ

るためには重要だし、個別的な類型化も可能である。したがって、憲法13条の人格的自律権の一内容として保障の対象となる」というように。

佐藤の「人格的自律権」の観念に対する批評を行うには、自分が批評しているのはどのレベルの「人格的自律権」なのか、きちんと意識する必要があるだろう。批評の対象とする観念が自分の想定するものと違っていたのでは、議論は嚙み合わなくなってしまう。

第2節　司法理論と憲法13条解釈論

1. 松井説の理論構造

松井は、憲法13条の保障内容を「政治参加に不可欠な権利」と理解する[54]。これは、憲法の全体構造に関わる議論から、憲法上の権利を「政治参加の権利」とし、その基本理論によって憲法13条解釈が導かれる、という理論構造を持つものである。したがって、松井説を単純に「限定説」として扱うのでは、合理的な議論は期待できない。この説に対する批判は、松井が前提とする基本理論に遡って行われる必要がある。

松井が前提とする基本理論とは、司法の役割を民主的プロセスの維持に求め、かつこれに限定する司法審査理論であり、裁判官が憲法判断をするに当たって考慮すべきあるいは依拠すべき理由を、民主的プロセスの適正化に求める解釈方法論である。プロセス理論と呼ばれる[55]。松井の憲法13条解釈論は、基本理論としてのプロセス理論を、具体的な規定である憲法13条の解釈において実践したものであって、両者は切り離せるものではない。

理論的には、憲法13条の保障内容をどう理解するかは、人権あるいは憲法上の権利の見方と密接に結びつくはずである。憲法13条によって新しい人権（憲法上の権利）が保障されると言う時の「人権（憲法上の権利）」とは何かが明らかでないと、何が憲法13条で新たに保障されるのかが明らかにならないからである。

松井は、日本国憲法が保障する「基本的人権」を「政治参加の権利」であるとする[56]。したがって、憲法13条によって新たに保障される人権とは、新し

い「政治参加の権利」でなければならない。つまり、「人権侵害」を語り得るのは、この権利の侵害に関してのみである。

　注意が必要なのは、松井にとっての「人権」とは、佐藤、阪本の論のように、実定憲法上の権利と区別され、憲法とはさしあたり離れたところで基礎づけられるものではなく、あくまで実定憲法上の権利だということである[57]。したがって、松井の論において、「人権」をいかに理解するかの問題は、実定憲法がいかなるものとして理解するのかの問題と結びつく。

　そして、憲法の解釈主体として裁判所を念頭に置いた場合、裁判所が司法審査権をどのように行使すべきかを扱う司法審査論は、審査権の行使にあたって憲法をどのように解釈するかという解釈方法論に重なる[58]。松井の司法審査論及び解釈方法論は、J. H. Ely の司法審査理論にその基礎を置く。松井が日本国憲法上の「基本的人権」を「政治参加の権利（プロセス的権利）」と見ることは、その理論の内容の一部である。

　憲法13条に関わる従来の議論は、主に自己決定権の問題を論じていた。そこでは「自己決定権」が憲法13条によって保障されることを前提とした上で、いわゆる保障範囲が問題とされることが多かった。松井は、これに対して「たとえ自己決定権というような一つの権利を想定することができたとしても、なぜそれを日本国憲法の保障する基本的人権と考えなければならないのか」[59]という、根本的な問題を提起している。そして、「明文根拠を欠く基本的人権として憲法13条の幸福追求権から導かれることが許されるのは、（…）政治参加に不可欠な権利に限られ、自己決定権と呼ばれるような権利は、それには当たらない以上、そもそも基本的人権として裁判所が認めることは許されない」[60]と結論づける。

　このような解釈論の背景には、価値決定を含む政治的決定は政治プロセスに委ねられ、裁判所の役割は実体的価値の実現ではなく、政治プロセスの監視・維持に限定されている、という司法の役割理解がある。そして、この理解からは、「明文根拠を欠く権利の裁判所による承認の問題についても、司法府にふさわしい役割という観点から限界がある」ことになる[61]。「明文根拠を欠く基本的人権を裁判所が承認する場合に、それをどのような憲法解釈の方法によって承認されることが許されるのか、そしてどのような権利を憲法上の基本的人

権として承認されることが許されるのか」[62]。このような問題意識が、「司法審査論の重要な論点」として、松井の憲法13条解釈論の背景に存在し、その解答はプロセス理論によって与えられる。そして、この理論が憲法13条解釈を裏付けている。

2. 司法理論と憲法13条解釈論

　松井は、「『憲法』をどのように性格づけ、憲法の保障する『基本的人権』をどのように理解し、憲法のもとで司法府にふさわしい役割をどのように考えるのか」[63] という憲法の全体構造についての根本的な問題提起を行っている。これに対して松井自身は、日本国憲法は民主的プロセスの保障を定めた文書であり、「基本的人権」は「政治参加の権利」であり、「司法府にふさわしい役割」は政治プロセスの監視・維持である、と答える。このような理解を内容とし、かつ支える理論がプロセス理論である。この一般理論が松井の憲法13条解釈を導き、松井説を形成している。

　この説も、最終的には憲法13条の保障範囲の問題に突き当たり、実際、保障される権利は「政治参加に不可欠な権利」に「限定」されている。しかし、この説に対し何らかの評価を行う場合には、保障範囲の限定の仕方のみを問題にするだけでは足りないのであって、松井説の理論構造に即した議論が行われなければならない。

　松井説を取り扱うにあたって最も重要なのは、司法府の役割及びそれと結びついた裁判所が用いるべき解釈方法に関わる議論である。松井が展開するプロセス理論に対する支持は広がってはいない。ただ、注意すべきことがある。プロセス理論が否定されたとしても、「司法府にふさわしい役割とは何か」、「司法審査権を行使する際に司法府がどのように憲法を解釈すべきなのかという憲法解釈の方法はいかなるものであるべきか」[64]、という松井の問題提起までもが意味を失うわけではない。松井流のプロセス理論に対する批判は、「日本国憲法の解釈理論としてプロセス理論を採用することはできない」という結論を得るだけで満足してはいけないのである。

　何らかのかたちでプロセス理論が妥当ではないとの結論を得たとしても、それが直ちに実体的価値に基づく憲法解釈を正当化するわけではない。実体的価

値に基づく憲法13条解釈論を妥当なものとして提示するためには、裁判所が実体的価値に基づいて判断を行うことを正当化する司法の役割論及び解釈方法論が、その理論的前提として必要となるはずである。

ただ、実体的価値に基づいて憲法13条を解釈しようとする際に問題となるのは、「実体的価値」の中身が一様ではない、ということである。考えてみれば、プロセスか実体的価値か、というのは、二者択一的な問題ではない。プロセス理論の側から見れば、すべて「実体的価値に基づく裁判理論」として一括りにされるものであったとしても、実体的価値の内容の根拠は多様であり得る[65]。実体的価値に基づいて憲法13条解釈を正当化する論者達は、プロセス理論を排するという点では同様の立場を採るとしても、そこには無視できない立場の違いがある。

先に見たように、佐藤の「人格的自律権」と阪本の「一般的自由権」は、さしあたり憲法典を離れた次元での人権の基礎づけ論に遡る。ここでは、理論的な人権の基礎づけが行われており、この基礎づけ理論がそれぞれの憲法13条解釈の背景にあってこれを正当化する、という理論構造が見られる。つまり、憲法13条解釈を正当化する要素として、人権を基礎づける理論が含まれているわけである。他方、芦部の「人格的利益」と戸波の「一般的自由」は、そのような理論構造をもったものではなく、結果的に起こり得る不都合に焦点を当てた、ある種政策的な考慮によって、正当化が行われているように読める。

松井以外の4人の論者の憲法13条解釈論は、裁判所の役割・任務に関わる理論やそれと結びついた司法審査論（解釈方法論）と明確に結びついたかたちでの議論が行われていない（というより、おそらく明確に意識されていない）。このため、それぞれの前提とする解釈方法については、司法の役割論などから推測するしかないだろう[66]。これについては後で触れる。

ここで確認しておくべきは、司法の役割論及びそれと結びついた司法審査論・解釈方法論を基本理論として憲法13条解釈を展開している松井説を受けた上で、これとは異なる立場を採ろうとするのであれば、自己の憲法13条解釈論の根拠となる理論的要素を、裁判所が考慮し判断することを正当化する解釈理論が必要となる、ということである。

例えば、憲法13条解釈論が道徳理論によって導かれるならば、「裁判所が

価値に関する道徳理論に基づいて政治部門の判断を覆すべきではない」という批判が、政策的考慮によって導かれているとするならば、「裁判所が政策的判断に踏み込むべきではない」という批判が、松井の立場からは可能である。もし、裁判所が道徳理論に基づく価値判断あるいは政策的判断を行うべきでないとすれば、いくらレベルの高い道徳理論や政策論を展開したとしても、それは裁判所によって実行されるものとはならない。

このような議論に対する対応として考えられるのは、裁判所が価値に関わる道徳理論的な判断、あるいは政策的な判断を行い、それに基づいて審査権を行使することを正当化する裁判所の役割論を展開することである[67]。

以上まとめると、第1に、憲法13条解釈に関わる松井説の背後には司法の役割、解釈方法に関わる一般理論がある。この点に留意せずに、松井説を保障範囲の広狭の枠組みに取り込んで「限定説」と整理すると、議論がかみ合わなくなる可能性が高い。

第2に、松井説は、裁判所が憲法を解釈する際に考慮に入れることのできる理論的な要素は何か、という問題提起を含む。裁判所における解釈適用を前提とする以上、意識するとしないを問わず、憲法解釈の背後には、裁判所がいかなる態度や方法で憲法を解釈すべきかについて一定の立場があるはずだと考えられる。例えば、裁判所が道徳理論を展開しても良いのか、政策判断を行って良いのか、あるいは何でもありなのか。

以上2点についてきちんと意識していないと、松井説に対する批評は噛み合わなくなる可能性があるし、下に見る通り、現実に噛み合ってない批判の例がある。

第3節　噛み合わない議論

上に見た、佐藤説、阪本説、松井説の理論構造が無視されているのではないかと疑われる批評や解説は、各所に見られる。先に見た二項対立式の枠組に彼らの説を取り込んでいるものは、ほとんどがそうであるし、その他枚挙にいとまがない（もしかしたら、批評を受けている論者自身も、自己と他の論者との議論の仕方の違いに気づいていないのかもしれない）。

以下、実際に議論が噛み合っていない例を少しだけ紹介する。ここでは、戸波江二の批評について、研究者の読者が多いと思われる学会誌「公法研究」に示されたものを中心に、見ておくことにする。

　戸波は、幸福追求権に関わる議論が「人権理論一般の基本問題の考察と見直しに通ずる」と述べる。したがって、憲法13条と一般理論との結びつきは意識されている。ただ、より具体的な議論の場面では、彼の他説に対する批判は、噛み合っていないところが多く見られる。

1. 佐藤説に対する批評

　戸波は、「幸福追求権から導き出される人権の範囲に関して、いわゆる人格的利益説と一般的自由説との対立がある」として、佐藤説と芦部説、阪本説と戸波説を同じ陣営にあるものとして分類している[68]。この時点で、噛み合わない議論の基盤はできている。佐藤の「人格的自律権」が人権の基礎づけを含む人権理論と密接につながっており、芦部説とは異なる理論構造をもつことについて理解されていない。

　それは次のような批判の仕方に典型的に表れている。「人格的生存に関しない権利は憲法上の人権とはいえないという立論は、一般的な人権理解にも適合しない。たとえば学校の校則によるオートバイ乗車禁止、髪型の規制は、生徒の自由な行動に対する一方的な規制であり、まさに人権問題と構成するにふさわしい」[69]。これは芦部説の批判にはなっても佐藤説に対する批判になりえない。佐藤の理論体系の中では、「人権」とは「人格的自律権」である。戸波の言う「一般的な人権理解」が何を指すのかは、はっきりとしないが、佐藤の論においては、「人格的自律権ではない人権」はありえない。

2. 阪本説に対する批評

　戸波は、憲法13条の個人の尊重の意義に関して、佐藤説と阪本説の難点を指摘し、両者を折衷するようなかたちで、以下のように述べている。「総括的にいえば、日本国憲法の前提する人間像は、理念的には自律的に行動する理性的な個人にとくに重きを置きつつも、現実の社会のなかで生きている社会的経済的弱者を広く視野に入れ、人間存在そのもの前提としていると解すべきであ

る。そして、人権の保障でも、理性的・自律的に行動するための人権の保障はとくに厚く保護しつつも、現実の社会で生活している個人の自由に広く保護を及ぼすように解釈すべきである」[70]。

しかしながら、佐藤説と阪本説を折衷的に結びつけることは、そう簡単ではない。両者の理解は、宮沢俊義の基礎づけに異を唱えながら人権価値の積極的な正当化を行う、人権の基礎づけ論から導かれている。もし両者を折衷するならば、彼らとは別個の人権の基礎づけ方を理論的に行わなければならない。宮沢の基礎づけを前提としている戸波は、どうやって佐藤説、阪本説を折衷するような基礎づけを行ったのか。答えは、基礎づけていない、である。彼は、宮沢の基礎づけを前提としながら、人権について、「こう解釈するべきである」という主張を述べただけである。その主張に、理論的な裏付けはない。

3. 松井説に対する批評

戸波は、松井説に対して「人権保障の分野で、議会による保障が進まず、しかも人権侵害が現に生じているという実態があれば、権利保護を第一次的な任務とする裁判所は積極的に人権問題に取り組むべきである」[71]と反論している。しかし、これは論理的な批判ではない。先に見たように、松井理論において「基本的人権」は「政治参加の権利」であり、司法府の役割あるいは任務は「政治プロセスの監視・維持」あるいは「政治参加の権利の保護」である。

問題は、「基本的人権」や「裁判所の役割」をいかに解すべきかであり、議論はこの問題に遡って行われなければならない。戸波の「基本的人権」や「裁判所の役割」に関する理解が松井のものとは異なるのは事実である。しかし、自己理解を当然の前提とせず、それを憲法13条解釈に関わる議論の土俵に上げなければ、上のような噛み合わない議論となってしまうのである。

戸波はさらに、「自己決定権は、本来私的なものであり、それを民主的プロセス的思考ないし政治参加の人権理解の立場から論ずることにそもそも問題があるように思われる」と述べている[72]。これも松井説の理論構造を無視した批判である。先に述べたように、憲法13条解釈に関する松井説は、憲法の全体構造に関わる基本理論としてのプロセス理論を具体的な規定である憲法13条の解釈に適用したものであって、両者は切り離せるものではない。つまり、

48　第1部　議論の嚙み合わせと法解釈の客観化

人権理論
- 人権の基礎づけ
  …人権はなぜ価値があるのか
- 人権の観念
  …人権とは何か

道徳理論（人間像）
↓
背景的権利：人格的自律権（思想上の権利）

―――――――――――――――――――

法的権利（憲法上の権利）

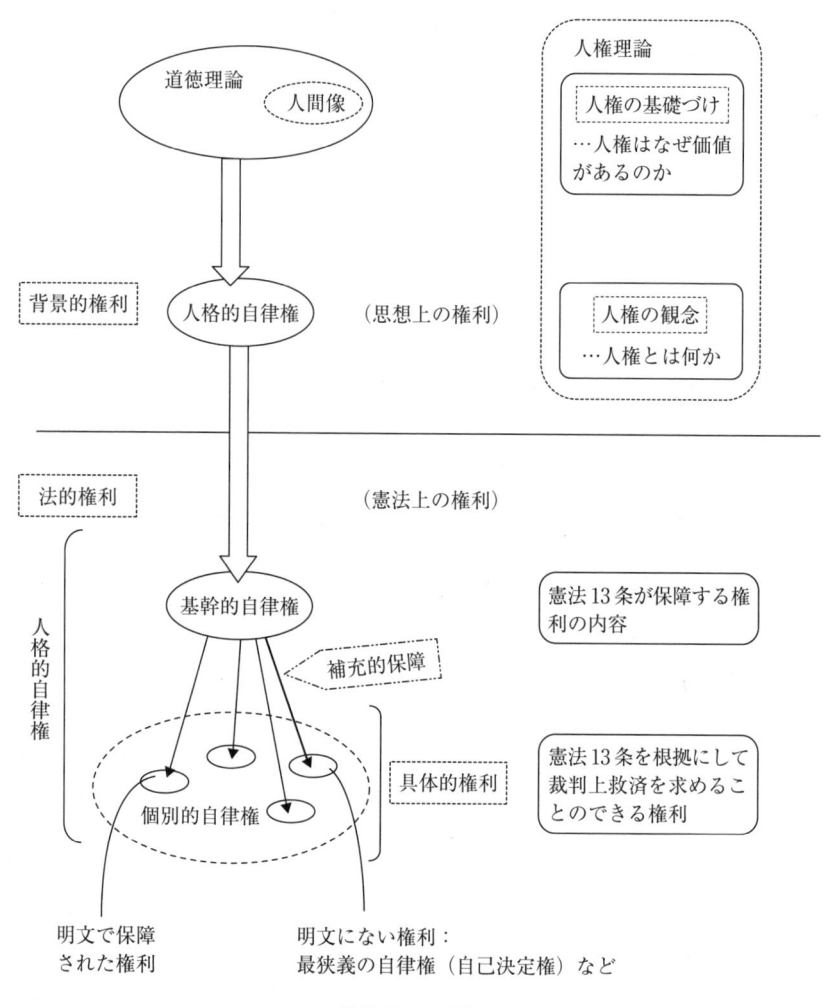

↓
基幹的自律権 … 憲法13条が保障する権利の内容

補充的保障

個別的自律権 … 具体的権利 … 憲法13条を根拠にして裁判上救済を求めることのできる権利

｛人格的自律権｝

明文で保障された権利　　明文にない権利：最狭義の自律権（自己決定権）など

佐藤説の理論構造

松井の理論体系の中にあっては、憲法13条に関しては特別に民主的プロセス的思考・政治参加的権利理解を採らない、といったことができないのである。もしそこに松井説の欠陥があるというのであれば、松井の「憲法」、「基本的人権」、「司法府の役割」などについての基礎的な一般理論に遡って、そして自己の理解を正当化しながら、批判を行う必要があるはずである[73]。

4. 噛み合わない議論

　ここでは、戸波の批評の一部だけを取り上げたが、同じような間違いをしている人びとは他にもたくさんいる。

　憲法13条によって保障される権利、幸福追求権に関わる日本の学説の議論が分類・整理された時点で、間違いが起こっていた。少なくとも、佐藤、阪本、松井の憲法13条解釈論を保障範囲の広狭を中心とする従来の枠組に押し込めるのは、誤りのもとであろう。彼らの憲法13条解釈論について、保障範囲を限定すること、しないことについてだけ批判を加えるのは、端的に誤りである。

　佐藤、阪本の憲法13条解釈論に対する批評は、彼らがそれぞれ前提とする人権の基礎づけ論まで視野に入れたものでなければならない。また、松井の憲法13条解釈論を批判するならば、彼が前提とする司法理論にまでさかのぼる必要がある。しかし、そのような議論がきちんと行われた形跡は見あたらない。

　予備校教材に掲載されるほど有名な学説の論争は、当初から噛み合っていなかったのである。

【第2章要約】
・論理的には、憲法13条の保障内容をどう理解するかは、人権または憲法上の権利の見方と密接に結びつく。憲法13条によって新しい人権（憲法上の権利）が保障されると言うときの、「人権（憲法上の権利）」とは何かが明らかでないと、何が憲法13条を根拠に新しく保障されるのかが明らかにならないからである。そして、「人権」をどう理解するかに関わる一般理論と、憲法13条解釈が密接に結びついているのが、佐藤説、阪本説、松井説である。

・佐藤と芦部は憲法 13 条解釈については、同じ立場を採ると言われているが、その理論構造はまったく異なる。佐藤は、「人権」とは道徳理論的に基礎づけられた「人格的自律権」であるとする。そして、憲法 13 条を根拠として保障される新しい権利とは新しい「人格的自律権」である。佐藤の憲法 13 条解釈論は、人権の基礎づけにまでさかのぼる人権理論と密接に結びついているのである。

　これに対し、芦部説では、保障範囲を限定するかどうかという観点から「人格的利益」という概念が用いられており、憲法 13 条解釈に関わる議論は、人権の基礎づけ論にまでさかのぼらない。

・人権の基礎づけ論とのつながりという点では、阪本説と戸波説も同じく理論構造がまったく異なる。阪本説は、佐藤説と同様に、人権の基礎づけ論から「一般的自由」の概念が導かれており、憲法 13 条解釈もこれを基礎としている。これに対し、戸波説には、芦部説と同様、そのような理論構造は見られない。

・松井は、憲法 13 条の保障内容を「政治参加に不可欠な権利」と理解するが、その前提には、憲法上の権利を「政治参加の権利」とする基本理論がある。その基本理論とは、いわゆるプロセス理論であるが、この理論は憲法 13 条の解釈においても用いられている。

・人権の基礎づけ論や司法理論などの一般理論を基礎にして具体的条文の解釈が行われた場合、当該一般理論の正当化に失敗すれば、その理論を前提とした解釈論は、理論的な基礎を失うことになる。佐藤、阪本、松井は、それぞれ憲法全体に関わる一般理論を提示している。それらは、具体的な憲法解釈の際には用いないという選択ができない性質のものであり、憲法 13 条を解釈する際にも当然に基本理論として用いられている。

・したがって、彼らの憲法 13 条解釈論について、保障範囲を限定すること、しないことについてだけ批判を加えるのは、端的に誤りである。佐藤、阪本の憲法 13 条解釈論に対する批評は、彼らがそれぞれ前提とする人権の基礎づけ論まで視野に入れたものでなければならない。また、松井の憲法 13 条解釈論を批判するならば、彼が前提とする司法理論にまでさかのぼる必要がある。

・憲法 13 条によって保障される権利に関わる日本の学説の議論が、保障範囲の広狭を中心としたものだとする理解は、ここで扱った学説の理論構造の違いをきちんと意識していない。少なくとも、佐藤、阪本、松井の憲法 13 条解釈論を従来の枠組に押し込めるのは、誤りであろう。予備校教材に掲載されるほど有名な学説の論争は、当初から噛み合っていなかったのである。

第2章　学説同士も噛み合っていない——憲法13条解釈を支える一般理論の存在——　51

注

1) 主に以下のものを参照。佐藤1988b、佐藤1990a、佐藤1990b、佐藤1994a、佐藤1995、443頁以下、佐藤1994b、245頁以下、芦部1983、芦部1994、芦部2007、115頁以下、戸波1993a、戸波1993b、戸波1996、阪本1993、233頁以下、阪本1994、松井1995a、松井1995b、松井2007、332頁以下、593頁以下。
2) それぞれ切り口は異なるが、比較的詳細なかたちで学説の整理を行なっているものとして、松井1995a（二・完）、松井1995b、藤井1998、327頁以下、竹中1998、井上2000。
3) 内野1991、323-326頁、内野1995、42頁。内野は、「幸福追求権条項で保障される自由や権利について、その重要度を基準にして限定をつけるかどうか」が問題であるとして、限定説（人権限定説）として人格的利益説、限定をつけない説として一般的自由説を位置づけている。松井説の場合、「政治参加に不可欠」という重要度の基準を採っている、と捉えることになる。
4) 藤井1998、327頁以下は、「量的拡張」と「質的限定」という2つの視角を対比しながら学説を整理しており、松井説を「人格的利益説とはことなった角度から幸福追求権の内容を限定する考え方」として紹介している（藤井1998、338頁）。
5) 本章での、人権理論、及びその条文解釈との関係についての基本的な視点は、渡辺1997aに依拠する。
6) 芦部1994、344頁参照。
7) 渡辺1997a、82頁参照。
8) 新井2006、229-231頁。
9) 浦沢2002、174頁。
10) 宮沢1974、77-78頁。
11) 佐藤1987、148頁。
12) 佐藤1988a、498-499頁。また、佐藤1995、392頁。
13) 佐藤1987、147頁、佐藤1988a、495-496頁。
14) 佐藤1988a、511-512頁。
15) 佐藤1987、147頁。同じく基礎づけ論の必要性、重要性を説く奥平も、やはり「人権」と「憲法が保障する権利」を意図的に区別している。奥平1992、奥平1993、19-25頁。
16) 佐藤1987、152頁以下。ゲワースの人権論については、佐々木1985、奥平1988、117頁、130-134頁参照。
17) 佐藤1988b、9-11頁、佐藤1990a、85-87頁、佐藤1990b、10-14頁。
18) 佐藤1995、392-393頁。
19) 佐藤1994a、10頁。また、佐藤1990a、88頁、佐藤1990b、14頁。
20) 佐藤1994a、5、7頁。
21) 渡辺1997a、75頁。
22) 芦部1994、341頁。

23) 芦部1994、57頁。佐藤が引用し批判の対象とした宮沢の根拠づけに関する説明（宮沢1974、78頁）を、「正鵠を射ていると考えられる」と言う。また、芦部2007、78。
24) 芦部1994、341頁。
25) 芦部が、幸福追求権から導き出される人権の基準として挙げているのは、（ⅰ）特定の行為が個人の人格的生存に不可欠であることのほか、（ⅱ）その行為を社会が伝統的に個人の自律的決定に委ねたものと考えているか、（ⅲ）その行為は多数の国民が行おうと思えば行うことができるか、（ⅳ）行っても他人の基本権を侵害するおそれがないか、といった要素である（芦部2007, 117-118頁）。

　ただ、これらの基準は絶対的なものではない。（ⅱ）～（ⅳ）は、合衆国憲法修正9条に関する研究を参考にしたものであるが、「歴史的正当性、普遍性、公共性の三要素がすべて充足されなければならないという趣旨でも、また三要素すべてが尽くされているという趣旨でもない」とされる（芦部1983、90-91頁）。これは、裁判所の判断が恣意的にならないように具体的な基準を明らかにする必要性、あるいは「人権のインフレ化」の回避、という明文にない権利の限定の要請からくるもので、この要請が実現できるのであれば、これらの基準をすべて使う必要はないし、まったく別の基準を用いても構わないことになるだろう。新しい人権として認められるための基準あるいは要件の問題と人権の基礎づけ論は直接の結びつきがないため、基礎づけ論にまで遡る議論は必要がないことになる。
26) 芦部1994、57頁。
27) 芦部1994、57-58頁。
28) 佐藤1987、156-157頁。
29) 実際上、「憲法解釈は哲学それ自体ではない」ことと「人権宣言史と実定憲法の体系とを総合的に考慮して考えれば足りる」ことには論理必然的な結びつきはない。
30) 後で詳しく見るように、佐藤は「背景的権利」/「法的権利」/「具体的権利」の3つの権利のレベルを想定している。実定憲法の根拠を前提としない普遍的な道徳的権利としての「人格的自律権」は「背景的権利」として考えられると思われるが、これは実定憲法上の根拠を有し、しかも裁判所による救済を得ることのできる「具体的権利」としての「人格的自律権」とは密接な関連を持ちながらも、同じものではないと理解することができる。
31) 戸波1996、27頁注（59）参照。
32) 阪本1993、62-67頁。
33) 阪本1993、67-72頁。
34) 阪本1993、73頁。
35) 渡辺1997a、82頁参照。
36) 阪本1993、242頁。
37) 阪本1993、242頁。「一次ルール」と「二次ルール」との区別は、ハートの法理論に依拠したものである。「ルール」に関する阪本の説明は、阪本2000、37-40頁、129-132頁。ハート

第2章　学説同士も噛み合っていない――憲法13条解釈を支える一般理論の存在――　53

　　　理論について、Hart 1997.
38)　戸波1996、4頁。また、戸波1994、107頁。
39)　阪本は「道徳」的な人権の把握を拒否すべきであるとしている（阪本1993、62-72頁）。ただ、阪本の言う「道徳理論」は阪本独自の用語法に基づくもので、阪本が参考にしている論者の理論（ハイエク、ノージック、ミルなど）は、「道徳理論」として扱うことも可能であるし、またそれが一般的であるように思われる（渡辺1997a、101頁注(75)参照）。
40)　佐藤1994a、7頁。
41)　佐藤1994a、12頁。
42)　佐藤1994a、12-13頁。
43)　阪本1993、71-72頁。
44)　阪本1993、242頁。
45)　佐藤1988b、16頁。佐藤2008、107頁も参照。
46)　佐藤1995、393-394頁。
47)　佐藤1995、445-446頁。
48)　佐藤1994a、10頁。
49)　佐藤1988、14頁。
50)　佐藤1995、449頁。
51)　佐藤1995、461頁。
52)　佐藤1995、461頁。
53)　佐藤1994a、7頁。
54)　松井1995a（2・完）、松井1995b、松井2007。
55)　松井1994、松井1998も参照。
56)　松井1995a（2・完）、62頁など。
57)　松井1994、343頁参照。
58)　松井2007、70頁。
59)　松井1995b、66頁。
60)　松井1995a（2・完）、62頁。
61)　松井1994、310頁。
62)　松井1994、285頁。
63)　松井1994、ii頁。松井1995b、76頁も参照。
64)　松井1995b、284頁参照。
65)　Elyが批判の対象とした実体的価値に基づく裁判理論は、道徳理論や歴史、社会的コンセンサスといったものに源泉を求めるものであって、それぞれの内容も一様ではなかった。Ely 1980, chap.3.
66)　渡辺2000、307頁以下参照。「司法権をめぐる個々の解釈問題等に関する見解の相違の背景

には、現代社会において司法権はいかなる役割を果たすべきかに関する憲法理論の対立が存することが多い」。
67) ただ、裁判所による解釈・適用を前提としない憲法13条解釈の場合は、以上のような理論を前提としない理論構成もあり得る。
68) 戸波1996、14、23頁注（36）。
69) 戸波1996、16頁。
70) 戸波1996、11頁。
71) 戸波1996、18頁。
72) 戸波1996、25頁注（50）。
73) また、「自己決定権が本来私的なものである」ことと「政治参加的人権理解の立場から論ずることにそもそも問題がある」ことには論理必然的な結びつきはない。自己決定権が本来的には私的なものであるとしても、裁判所での救済を目指すのであれば、それは公的機関による保護なのであり、公的機関として裁判所がいかに行動すべきかの問題が議論の対象となり得るのである。

第3章 なぜ噛み合わないといけないのか
―― 「議論」による正当化と「憲法理論」――

【導入】

・憲法13条解釈に関わる学説は、判例と噛み合っていない。それどころか、学説同士の議論も噛み合っていない。この指摘が妥当であるとしても、その状況は非難の対象となるのか。つまり、そもそもなぜ、議論を噛み合わせなければならないのか。これは、法解釈の客観化に関わる問いである。

・本書は、平井宜雄の「議論」の理論が想定する「客観性」理解を採用する。すなわち、法的議論は、事実と論理に基づく主張―反論―再反論の正当化のプロセスを経ることで、事後的に一定の客観的妥当性または正しさを獲得する、と想定する。

　本章では、平井の理論と、それに関わる渡辺康行の「憲法理論」の提言を中心に見ていく。

第1節　平井宜雄の「議論」の理論[1]

　平井の主張は、「第二次法解釈論争」[2]と呼ばれる現象を引き起こした。したがって、「議論」に関わる平井の理論の内容は広く知れ渡っていると思われる。ここでは、憲法解釈の客観化の方法を考えるのに必要な限度で、見ておくことにする。なお、本書では、平井の主張に関わるものを「議論」として括弧付きで示すことにする。

1.「非合理主義」

　「議論」（括弧付きの議論）に関する平井の基本的問題関心は、「非合理主義」の克服に向けられている[3]。平井の言う「非合理主義」とは、法解釈に関わる意見の対立を各人の主観の相違であるとしてすぐに議論を終わらせてしまっ

たり、感覚に頼った議論を展開したりする態度である[4]。反対に、「合理主義」とは、「ある言明（ステートメント）の妥当性を主張するとき、その論拠を提示し、それへの批判を受けることに最大限の努力をすることが価値あることだ、という信念あるいはその信念にもとづく態度」[5]であるとされている。

そして、平井は「合理主義」的な立場から「非合理主義」を批判し、その克服のために「議論」の視角を持ちこむ。

2.「議論」

平井は、法律家に共通する最も特徴的なものを「或る主張を提出し、それに反論があれば、証拠や理由をあげて論拠を示し、さらに相手方の反論があればそれに応じて再反論し、それらにもとづいて問題を処理するという一連のプロセス」すなわち「議論」（argument または argumentation）による問題解決だとする[6]。

そして、「議論」の一般的構造についての検討[7]が行われ、ここから「『議論』においては言明（statement）は言明によってのみ基礎づけられ、または正当化（justify）される」という命題や、「『発見のプロセス（process of discovery）』と『正当化のプロセス（process of justification）』とを区別せよ」という命題等が、理論的帰結として提示される[8]。

3.「客観性」と「主観性」

法解釈の「客観性」の概念が意味するところは、それ自体議論の対象となるべき問題であって、法解釈の「客観性」概念についての一つの絶対的な意味が存在するわけではない（第4章でも論じる）。「議論」に着目する平井の提言においては、法解釈の「客観性」の意味は、従来とは異なった性質を持つことになる。

戦後法解釈論における「客観性」概念は、人によって結論が異なることはなく、一度提示されればすべての合理的人間が納得せざるを得ないような性質のものを「客観的」であるとする想定に立っていたと思われる。そして、それは例えば「科学」的な手法のように、何らかの外在的な基準によって確認されるものであると考えられていた[9]。

これに対して平井は、「『客観的に妥当な（あるいは『正しい』）』価値判断を発見する方法が、問題解決の試みと離れてアプリオリに存在すると考えてはならない」[10]と言う。「客観性」はあくまで「議論」内在的なものである。

> 『議論』という生存競争に耐えて『生き残った』言明は、そのような意味で『客観化』されており、かつ『議論』の前提として受け容れられる可能性が高いという意味で、多くの法律家にとって言わば共有財産となっている。この意味でのみ、かつその限度のみ、われわれは『客観的に妥当な』規範言明について語ることができる。（中略）つまり、或る法解釈論の『正しさ』は『議論』による『正当化』を経て『事後的』にのみ、しかも『生き残った』かぎりにおいてのみ、語り得るのである（傍点原文）[11]。

法解釈論の「客観性」は、事実と論理に基づく主張—反論—再反論のプロセスの中で保障されるのであり、「反論をくぐりぬけ反論に耐えた言明は、それだけ多くの当事者の間の共通の世界の一部となるわけであり、その限りで『客観化』」[12]されたことになるのである。

戦後法解釈論が想定した「客観性」は、何らかの外在的な基準に従うことによって保障されるものであり、「議論」に参加しなくとも確認できる性質のものであったと言えるだろう。つまり、そこでの「客観性」は、一個人がある外在的な基準に照らしながら、単独で、追求することもできる。

これに対して、平井の「客観性」は、あくまで「議論」内在的なものであり、主張—反論—再反論のプロセスを中核とする「議論」が行われる場あるいは制度が存在し、そこに参加する人がいることが条件となる。そして、法解釈論の妥当性あるいは客観性が「議論」によって保障される以上、そこには何らかの規範が必然的に要求される[13]。

また、平井の論においては、法解釈の「主観性」についても、従来と異なる取り扱いがされている。戦後法解釈論争において法解釈あるいは価値判断の「主観性」が問題とされる時、そこには「発見のプロセス」と「正当化のプロセス」の区別は前提とされていなかった。これに対して、平井はこの区別を前提とした上で、「発見のプロセス」における主観的価値判断の役割を全面的に肯定する。その一方で、「正当化のプロセス」において提示される言明は、言明を発した者個人の思考や心理状態から離れ、「議論」にさらされ、「議論」に

よって正当化される必要がある[14]。

4. 反論可能性テーゼ

以上のような理解からすれば、「議論」に参加し、そこでの生き残りを目指すことが法律家のなすべきこととなる。そして、「反論を加えられることができるような言明、そして反論に耐えるように努力の傾注された言明こそ『議論』によって『正当化』される資格を有し、したがって、『生き残れる言明』たり得る」[15]。

「反論可能性」とは、言い換えれば、主張―反論―再反論のプロセスを中核とする「議論」に参加できる可能性のことであり、これが要求される理由は、反論可能性のない、あるいは低い言明は「議論」による正当化ができない、あるいは困難となるからである。逆に言えば、反論可能性が存在し、かつ高い言明は「議論」によって正当化される資格を有する「良い」法律論である。そして、これが「『議論』の場に提出され、反論にさらされ、かつそれに耐えてなお「生き残っている」程度が高ければ高いほどそれだけ『良い』法律論である」[16]ことになる。

ただし、大事なのは「生き残っている」ことそれ自体ではない。「『議論』による正当化を経て」生き残っていることが重要なのである。「『議論』による正当化を経ないままに――言わば『権威』によって――生き残ってきた規範言明」については、「単に伝統なるが故に尊重することなく、（…）『反論可能性』の基準によって、その優劣を判定し、場合によっては『悪い法律論』として斥けなければならない」[17]。

第2節 渡辺康行の戦後ドイツ憲法解釈方法論分析と日本憲法学への提言

以上見てきた平井の論を前提にすると、噛み合わない議論をしていたのでは、法解釈は客観性を獲得できない。「議論」のプロセスが正常に働かないからである。

第2章では、憲法13条解釈に関わる議論が噛み合っていないことを見た。

その原因は、憲法13条解釈を支える人権や司法に関わる一般理論の存在が十分に意識されていないところにあった。

憲法解釈における一般理論の役割については、渡辺康行の「憲法理論」の提言が参考になる。彼によると、「『憲法理論』とは、ある特定の解釈主体が憲法の個々の条文について行っている様々の解釈論の基礎に存する、体系的な基本思考」のことである。そして、憲法解釈の客観化のために、憲法の個別の条文解釈を導く「憲法理論」を明示し、議論の場にさらすべきだとの提言がなされている。

以下、渡辺の提言について見る。なお、本書では、渡辺の論に関わるものを「憲法理論」として括弧付きで示すことにする。憲法理論という言葉は様々な論者によって非常に多義的に用いられているからである。

1.「憲法理論」

渡辺は、論文「『憲法』と『憲法理論』の対話」[18]において、戦後（西）ドイツの憲法解釈方法論に関する理論分析を行っている。その問題関心の一つとして、「平井宜雄教授の問題提起とそれをめぐる論争についての関心」が挙げられている[19]。

渡辺は戦後ドイツの代表的な論者の解釈方法論について、「憲法」観、憲法解釈方法論、解釈方法論の正当化理論、憲法裁判の位置づけ、民主主義観、基本権観等を対象に詳細な検討を行った。この作業から、渡辺は「『シューレ』とみなされている諸論者の間にも相当の見解の相違」[20]があり、戦後ドイツの憲法解釈方法論は「ほとんど一人一説的な状況にある」との分析を行った上で、「しかし、そのような状況に収斂する方向性を見いだすこともまったく不可能ではない」と言う。その方向性とは、「各論者とも、明示的あるいは黙示的に、憲法の個々の条文解釈の基礎には何らかの憲法理論が無くてはならないと考えている、ということである」[21]。渡辺の言う「『憲法理論』とは、ある特定の解釈主体が憲法の個々の条文について行っている様々の解釈論の基礎に存する、体系的な基本思考」[22]のことである。渡辺は、ドイツではこのような「憲法理論」が個々の憲法条文の解釈の基礎に存在することが明示的、黙示的に求められている、という分析を行っている[23]。

2.「憲法理論」と「客観性」

渡辺は、我が国においてかつてなされた法解釈論争との対比で、戦後ドイツにおいては法の解釈は認識か実践かという議論や法律学の科学化という主張はほとんど行われなかったとして、以下のように言う。「ドイツにおいては、法の解釈は価値判断を含むものであるということを前提として、それをいかに『客観化』するか、が議論されていると考えてよいであろう」[24]。

さて、それでは、「憲法理論」と法解釈の「客観化」との関係はどのようなものなのだろうか。

> 憲法解釈の『客観性』ということに関しては、従来からさまざまな議論がなされてきた。ここで言及しておきたいのは、『客観性』の担い手をどこに求めるのか、解釈者個人に求めるのか、解釈者の集団のなかに求めるのか、という視点である。ドイツにおける議論の伝統は、客観性の担い手をおそらく解釈者個人に求めてきた。つまり、解釈者個人の態度や方法が『客観的な』解釈を担保すると考えてきた。これに対してエームケ以降のドイツにおける憲法解釈方法論は、憲法条文を解釈するに際して働く前理解を明示化し、解釈者の間の討議にさらすことによって合意に達することを目的としている、とおおよそ総括できよう[25]。

そして、上に見た「憲法の個々の条文解釈の基礎には何らかの憲法理論が無くてはならない」との考えと「エームケ以降の傾向とした前述の討議への傾向と合わせると、個別的な憲法解釈を導いている前理解を憲法理論という形で明示化し議論の場にさらすことが重要と考えられている、ということでもある」[26]。

3. 日本憲法学への提言

ドイツ憲法解釈方法論についての詳細な分析の後、渡辺は以下のように言う。「本稿で行ったドイツ憲法理論史の分析は、日本憲法学と無縁の試みではない。まず、個々の憲法解釈の基礎にある憲法理論や基本権理論を明るみに出して、相互を比較の舞台に載せるという学説分析の手法は、日本憲法学についても意味があると考えられる」[27]。また、「本稿は、ドイツ憲法学の重要な傾向が、個々の憲法解釈の基礎にある憲法理論を明示するべきだと考える方向に

あるという説明を行った。そして、本稿は、それは支持すべきことだという主張をも行おうとしている」[28]。

つまり、渡辺は、日本の憲法学に対して、憲法の個々の条文を解釈する際に、憲法解釈の基礎にある「憲法理論」を明示し議論の場にさらすべきだと、提言しているのである。

第3節 「議論」による正当化と「憲法理論」

1.「議論」と「憲法理論」

渡辺は、「発見の過程で働く「前理解」を憲法理論という形で明示することが、正当化の過程で重要な『議論』の手掛かりとして有意味ではないか」[29]と述べている。先に見たように、渡辺は平井宜雄の「議論」に関する問題提起に関心を示しているが、平井の提言と合わせて考えた場合、「憲法理論」の意義はどう理解できるだろうか。

まず、「憲法理論」に関わる提言は、「憲法解釈は価値判断を含む」という命題から「憲法解釈の相違は主観的判断の相違に過ぎず、優劣をつけることはできない」との結論を導くような、平井の言う「非合理主義」的前提を採っていない。これは、ドイツの理論的傾向を支持しようとしている渡辺が「ドイツにおいては、法の解釈は価値判断を含むものであるということを前提として、それをいかに『客観化』するか、が議論されている」という指摘を行っていることからもわかる。

そして、「発見のプロセス」と「正当化のプロセス」の区別を前提としていることから考えると、以下のようなことが言えると思われる。すなわち、発見のプロセスにおける解釈者の主観的要素の混入は肯定して良い。しかしながら、正当化のプロセスにおいては「議論」による正当化を目指す必要がある。ここに言う「正当化」とは、「或る言明がアプリオリに又は独断的に受け容れられない以上は、必ず論拠（事実と論理的推論の過程）を示さなければならないということ又はその論拠」[30]のことである。そして、もし、個々の条文についての解釈論的対立が、条文解釈の背後にある基本的な考え方の相違によるも

のだとすれば、その考え方も正当化のプロセスにおいて「議論」にさらされ正当化される必要がある。

この背後に存在する基本的思考ないし考え方が正当化されるためには、言明の形をとらなければならない。なぜなら、「議論」において言明は言明によってのみ基礎づけられ、または正当化される[31]からである。渡辺の論において論理的構成がなされていることが「憲法理論」の必要条件となっている[32]のは、以上のような理由によると思われる。

2.「憲法理論」を提示しながら行われる憲法解釈の「客観性」

先に見たように、渡辺は、ドイツにおいては憲法解釈の「客観性」の担い手は解釈者個人ではなく、解釈者の集団の中に求められている、としている[33]。だとすれば、「個別的な憲法解釈を導いている前理解を憲法理論という形で明示化し議論の場にさらすことが重要」[34]なのは、「議論」の中に「客観性」が存在するからだ、と理解できるだろう。つまり、説得と合意の獲得を目指した事実と論理に基づく主張—反論—再反論という「議論」による「正当化」を経て、初めて解釈論は「客観性」を獲得するのである。すなわち、憲法解釈を背後で支える「憲法理論」の提示は、解釈上の争いを主張—反論—再反論のプロセスを中核とする「議論」にのせるために必要とされるのであり、「議論」内在的な「客観性」の獲得を目指した試みだと言えよう。

そして、このような理解からすれば、「憲法理論」の存在自体が憲法解釈論の「客観性」を保証するわけではない、ということになる。つまり、解釈論の背後にある「憲法理論」が、どれだけ詳細で論理的、体系的なものであるとしても、「議論」にさらされる以前に、「客観的」な、あるいは「正しい」ものとなるわけではないのである。また、いったん合意をみた言明についても、後に再び「議論」にさらされる可能性は常に存在する[35]。

3. 修正可能性

「議論」をきっかけとして「憲法理論」が修正されることもありうる。渡辺が想定する「憲法理論」は、修正不可能で固定的なものではない。「憲法理論」は、「具体的な事例への適用をきっかけとして、あるいは他の立場との討議を

きっかけとして、修正されていく」[36] 可能性を持つのである。

「憲法理論」が一定の形式で存在すれば「客観的な」あるいは「正しい」法解釈とされるわけではなく、主張—反論—再反論のプロセスを経ることが必要だとすれば、これは当然の帰結と言えるだろう。「議論」に参加するに際して、自己の理論に修正を加える用意がなく、合理的な反論が加えられた場合でも自己の理論に固執するような態度で提示される憲法解釈は、「議論」によって正当化される資格がない。

4.「憲法理論」の意義

以上見てきたように、解釈論の背後にあってそれを支えるものとしての「憲法理論」の明示は、「正当化のプロセス」において重要な「議論」の手がかりを与えようとするものであり、解釈上の争いを単なる見解や価値観の相違として早々に議論を終わらせるのではなく、事実と論理に基づいた合理的な議論を行おうとするものである。例えば、ある条文解釈上の対立がいわゆる「人権感覚」や人権理解についての「常識」の違いに起因するものであるとき、この論争が単なる価値観の相違として突っ込んだ意見交換もないままに終わらされることがあるかもしれない。このような「議論」としては不合理であると考えられる事態を避けるためには、「人権」とは何かについての可能な限り論理的な説明を行い、合理的な議論を試みるべきだろう。この場合に提示される「人権」理論は、一つの「憲法理論」であると言える。

また、「現実の人権侵害を注視すべき」とか「人権感覚に乏しい」といった批判は、相手が同じような「人権」感覚を有しているときには有効かもしれないが、そうでない場合はさらに「人権」についての論理的説明を必要とする。人によって現実の見え方や感覚が異なることを認めた上で、合理的な説得を試みる必要があるのだ。自分の感覚を絶対のものとして他人の人格批判を行ったり（例えば「そのような感覚を有する人物は 21 世紀にふさわしくない」といった批判がその他の理論的な説明なしに行われる場合）、権威によって相手を黙らせたりするような議論の仕方は、「憲法理論」の提言からすれば、不合理な議論として拒否されることになる。

また、「憲法理論」に着目することは、例えば「人権」理解の違いが条文解

釈上の対立の原因となっているが、それに気づかれていない場合にも有効だと考えられる。こういった場合、解釈上の争いが噛み合わず不合理な議論となりやすい。渡辺が「個々の憲法解釈の基礎にある憲法理論や基本権理論を明るみに出して、相互を比較の舞台に載せるという学説分析の手法」[37]を意味のあるものとして捉えているのは、こういった場合の議論の合理化に「憲法理論」が一定の役割を果たすと考えられているからだと思われる。別の言い方をすれば、「憲法理論」の提示は、「『議論』を『効率的』に行うための各種の工夫」[38]の一つであると言えよう。

「憲法理論」は、そこから機械的に条文解釈の結論が出てくるというような性質を持つものではない。解釈は価値判断を含むものであり形式的論理のみによって結論を導くことができるわけではないと言うことと、可能な限り論理的な説明によって解釈を正当化しようとする態度は、両立するはずである。「憲法理論」の提言は、このような視点から条文解釈に関わる議論の合理化を目指しているものだと考えられる。

5. その他の問題

（1） 循環構造と「対話」

渡辺は、「憲法典を取り扱う際の基準として憲法理論を説きながら、その憲法理論の採否の基準として憲法典適合性をもちだしているという、循環構造」[39]について、指摘している。「多くの憲法理論はその正当性の根拠を憲法適合性に求めるため、憲法理論は憲法の解釈のための基準であるが、その憲法が憲法理論の展開のための基準となっているという、『循環』が生じてしまっている」というのである[40]。

そして、渡辺は、「憲法と憲法理論の間に循環構造が生ずるのは、ある程度の明確化はあり得るとしても、おそらく不可避のことであろう。もしそうであるならば、この循環を『対話』という形で積極的に位置づけるべきではないか。これが本稿の表題〔「憲法」と「憲法理論」の対話〕の由来となっている主張である」[41]と述べる。

循環が生じることを一切拒否するならば、究極的には何らかの確実な基礎づけが必要となる。この基礎づけについて合意ができないとなると、解釈上の争

いは無限に後退していくことになってしまうかもしれない。しかし、法解釈を支える「憲法理論」の提示の最終的な目的が「議論」による正当化にあるとすれば、重要なのは、結論も含めてどの立場が事実と論理に照らして説得力を有するのかであり、究極の基礎づけが可能かどうかにあるのではない。したがって、循環構造を認めることと「憲法理論」の提言は矛盾するものではないと考えられる[42]。

(2) 「憲法理論」の提言の正当化

また、他に考えられるのは、「憲法理論」の提言自体がどこまで正当化できるのか、という問題である。平井宜雄は「合理主義」を「ある言明（ステートメント）の妥当性を主張するとき、その論拠を提示し、それへの批判を受けることに最大限の努力をすることが価値あることだ、という信念あるいはその信念にもとづく態度」[43]と定義していた。私は「憲法理論」の提言の背景にもこれに類する信念が存在すると考える。ただ、問題は、この信念自体をどのように正当化するのか、ということである。別の言い方をすれば、この信念に同調しない人がいる時、どのようにして論理的な説得を行えばいいのか、ということである。

これはかなり難しい問題であるように思う。あるいは、これは最終的には比較不能なコミットメント[44]の類なのかもしれない。もし、このような信念に対する批判が提示されれば論拠を提示することで応戦する必要があるだろうが、ここでは問題の指摘にとどめておくことにする。

6. まとめ

(1) 「議論」による正当化と「憲法理論」

以上、平井と渡辺の提言をあわせ考えると、憲法解釈の「客観性」とは、「議論」内在的なものであり、客観性を獲得するためには「議論」による正当化のプロセスにのせるかたちで、事実と論理に基づく主張を行うことになる。主張と反論が噛み合わない場合は、「議論」による正当化プロセスは機能しない。そして、解釈論の基礎となる体系的な思考を「憲法理論」として議論の場に示すことは、正当化プロセスを機能させる1つの手法として考えられる。

(2) 厳格憲法解釈

　また、「議論」による正当化のプロセスを機能させるという視点からは、内野正幸の「厳格憲法解釈」の提言も参照すべきであろう。彼は、「憲法解釈論にとって論理性・体系性を保持することが最低限必要であり、このことは憲法解釈を一つの学問として確立するためにも不可欠である」と述べ[45]、憲法解釈論上の当為命題を、要請、非要請、禁止（違憲）、許容（合憲）の4つに類型化する[46]。

　論理性、体系性を持たない憲法解釈は、論理的な批判を加えることが困難であり、「議論」による正当化のプロセスを経ることができないと考えれば、この主張は憲法解釈を客観化するための最低限の条件を示すものだと理解することもできるだろう。「望ましい」とか「違憲の疑いあり」といった主張は、論理的な批判を加えることが難しい。論理的な議論が行えないのであれば、「議論」による正当化のプロセスは機能せず、その解釈が客観化される可能性は極めて低くなってしまうのである。

第4節　「議論」による正当化と学説二分論

　周知の通り、日本の憲法学においては法の「科学」と「解釈」を二分して捉える立場が存在した。「憲法理論」を提示しながら行われる憲法解釈は、この学説二分論をどう扱えばよいのか。

　自然科学において、伝統的な「科学」観の見直しが、ずいぶん前から行われてきた。そのため、従前の法の「科学」と「解釈」の二分論をいかに扱うのかについて、検討を行う余地はある[47]。ただ、本書は、二分論そのものにはあまり興味がない。現在の政治状況の下で、正面から取り扱う意義を見いだせないからである。

　以下では、「議論」による法解釈の正当化、「憲法理論」を提示しながら行われる憲法解釈という解釈手法を支持する立場にとって、意味があると考えられる問題のみを扱う。21世紀の現在、学説二分論の原型をそのまま信じている研究者など、現在ではどこにもいないのかもしれないが、この検討によって、憲法解釈の客観性や解釈手法の問題がより明確になることを期待している。

1. 宮沢俊義の学説二分論

(1) 学説二分論

　宮沢は、「科学学説（理論的な学説）」と「解釈学説」を区別すべきだとし、それぞれ「理論的認識」と「実践的意欲」に関わるものであるとしていた[48]。注意が必要なのは、宮沢の学説二分論に肯定的な立場の中でも見解の相違があったということ[49]。科学学説と解釈学説をまったく次元の異なるものと理解する見解と、最終的には総合または帰一の関係にあると捉える理解があったのである[50]。したがって、仮に本書の立場に対して、学説二分論を支持する立場から批判があるとしても、その前提とする二分論は、あり得る二分論理解のうちの一つであることになる。

(2) 説得力の外在的要素

　宮沢は、解釈学説の支配力ないし勢力を決する要素があると言う[51]。それは、各学説の持つ「説得力」である。そして、この「説得力」には「内在的要素」と「外在的要素」があるとされている。「説得力の内在的要素」の中核にあるのは、「その学説に内在する理論構成」である。「それは、法解釈のための独自の理論であり、論理である」。学説の理論構成の良否または巧拙が、社会の受け止められ方によって決まる、と。また、「説得力の外在的要素」として、「学説が積極的に、または消極的にはたらきかける各種の利益」や「学説の作り手の個人的な声望とか、評判とか、名声とか、または、それから生ずる権威といったもの」が挙げられている[52]。

　「議論」の理論は、宮沢の言う「説得力の外在的要素」は排除することになる。それらに説得力の根拠を認めることは、「議論」内在的な妥当性を求める「議論」の理論とは相容れない。もちろん、「外在的要素」を説得力の根拠としても構わないとする立場もあり得る。ただ、その立場の妥当性については、論理的な正当化が必要である。

2. あり得る批判（1）——「『解釈学説』は『科学学説』とは違うので、客観性を備えるのは不可能である」——

以下、一定の学説二分論理解を前提として行われうる批判を2つ取り上げ、検討を行う。まず第1の批判について。この批判は、「科学」の備える客観性を達成できないものを主観的だとする。

最初に、「解釈学説」を「主観的であって客観性を有しないもの」と定義した上で、「解釈学説である以上、客観性を有しない」との結論が導かれるのは当たり前のことであるし、同義反復である。

また、「解釈」と「科学」が異なる営みだとの前提から法解釈の客観性を否定できる訳でもない。「科学とは異なる営みであるが、客観性を備える可能性」を、「科学とは異なる」ことを論拠として否定はできない。

この立場は、科学とそうでないものを「客観」と「主観」に対応するものとして二項対立的に捉える。しかし、「科学」を人間の主観から完全に独立しているという意味での「客観的」な活動と捉える立場は、自然科学の領域でも批判されている[53]。前世紀のことである。ポパーやクーンなどの科学哲学は、それぞれ理論的立場は異なるものの、自然科学における人間の何らかの主観的判断の役割を認める点で共通している[54]。つまり、科学の客観性も程度や性質の問題とされているのである。

解釈が客観的ではあり得ないとする見解は、価値相対主義を基盤とすることもある。解釈には価値判断が含まれる。価値判断に優劣などないので、解釈にも優劣はない、と。

これについて、2点だけ確認しておきたい。1点目は、一般に、事実と価値の峻別、あるいは存在と当為の峻別といった方法二元論と価値相対主義の間には論理必然的な結びつきはない[55]、ということ。方法二元論を採用しながら価値相対主義を否定することもできるのである。

2点目は、価値相対主義は、それ自体正当化される必要がある[56]ということである。「議論」の理論を前提とすると、例えば、ある憲法条文についてどの解釈が妥当であるかが議論されている時、解釈に関する相対主義的な立場から「解釈の優劣はつけられない」との結論を擁護するためには、相対主義的

な立場そのものを事実と論理に基づいて擁護あるいは正当化しなければならない。

もし、そのような理論的正当化なしに相対主義を唱える人がいたとすれば、彼・彼女が「議論」に誠実に参加しない以上、自身の主張が「客観性」を獲得する見込みはない。そして、そのような態度を採る者の解釈論が「主観的」であるのは当然のことである。彼・彼女は自己の解釈論が客観的であり得ないと述べることはできても、他者の解釈の客観性を否定する武器を持たない。

科学と解釈の区別から直接に解釈の客観性が否定されるわけではなく、また、両者の区別から価値相対主義が必然的に導かれるわけでもない。問題は、価値相対主義そのものである。そして、価値相対主義は、それ自体正当化が必要である。そして、その論理の展開は結局、「議論」のプロセスへの参加となる。「議論」は常に開かれているのである。

3. あり得る批判（2）
　　——「『解釈学説』は客観性の面で『科学学説』には及ばない」——

第2の批判は、憲法解釈が「議論」による正当化プロセスを経て、一定の客観性を満たすことは認める。しかし、客観性の程度は「科学学説」の方が上だと言う。「科学」は実践とは関わりのないところで客観的認識を目指すものであり、観察者の主観的価値判断によって左右されることがないからである。

まず確認したいのは、標榜することと実現することは別の事柄である、ということ。確かに、「価値判断を含むことを前提とした上で、それを客観化すること」よりも「価値判断を含まない科学的認識を行うこと」の方が客観的であるかもしれない。しかし、問題はそれをどれだけ実現し得るのか、である。例えば、「私は100メートル7秒台で走ることを目指している。だから、世界中の誰よりも速い」とは言えないし、言えたとしても説得力はなかろう。「『科学学説』は『解釈学説』よりも高い客観性の獲得を目指している」と言うだけでは、「より客観的である」という結論を擁護できないのである。

結局のところ、問題は、解釈学説よりも高いレベルの客観性を獲得するための「科学の方法」がどのようなものか、だろう。しかし、「実際のところ、法の科学的認識を標榜しつつも、戦後の憲法学は、法の科学がどのような営為で

あるのか、それを支える方法論がどのようなものか決して詰めた検討を行ってこなかった」[57]。

　一般に、自然科学の理論活動は、観察データという事実とそれを説明する論理を基に行われている。この事実と論理に基づく活動を法の「科学」の営みであるとして、相対的な客観性を主張することはできない。なぜなら、事実と論理に基づく正当化の活動は、まさに法の「解釈」も行っていることだからである[58]。

　あるいは、事実のもつ力の強さを「科学」の特徴だと述べることができるかもしれない。すなわち、観察データの豊富さやその確認の手法については、「科学」の方が遙かに優れている、と。ただ、このような論理構成で、「自然科学の方が法解釈より客観的である」とは言えても、「法の科学」の相対的な客観性は擁護できない。また、自然科学の中でも、例えば宇宙に関する理論のように、観察データ自体が非常に少なく、データに基づかない理論同士の争いの側面が大きいものもある。

　結局、「科学学説の方が解釈学説より客観的だ」と言いたければ、より高いレベルの客観性を担保する「法の科学」の方法論の提示が必要となる。「科学」を標榜するだけでは、より高い客観性を根拠付けることはできないのである。そして、法解釈より客観性の程度の高いとされる科学の方法が示されないかぎり、第2の批判に対してこれ以上応答することはできない。

　もちろん、ある「科学学説」（例えば国民主権原理に関する学説）の「科学」性が否定されたとしても、その学説の有する説得力そのものが減るわけではない。したがって、理論としてどちらが妥当であるかという問題は、「科学」を標榜するか否かではなく、その理論が有する説得力によって決まることになるだろう。

第5節　本章のまとめ

　平井、渡辺の論に依拠すると、憲法解釈の「客観性」とは、議論が行われている場から離れた何らかの外在的な基準を満たすことではない。彼らは、議論内在的な客観性を想定する立場を採る。これを言い換えれば、「一定範囲の解

釈共同体を想定しつつ、その内部での対話や議論をつうじて法解釈が間主観的な客観性ないし真理性を獲得する考え方」[59]だということになるだろう。

　法解釈に関わる議論が噛み合わなければならない理由。それは、論点などがずれないでうまく合うことが、主張―反論―再反論という正当化のプロセスを機能させる条件の一つだからである。第2章で見たような噛み合わない議論の問題点は、正当化プロセスが正常に機能しないところにある。視点の異なる主張が散らばっていたり、解釈の基盤が違うことに気づかずに批判の応酬がなされたりしているような状況が続くのでは、「議論」による正当化は実現せず、憲法解釈は客観性を獲得できない。

　渡辺の言う「憲法理論」とは、個々の憲法条文の解釈の前提に存在する基本的な考え方を理論として明示化したものである。「憲法理論」の明示化は、解釈上の争いを単なる見解の相違として早々に終わらせてしまったり、感覚に頼った議論をしたりするのではなく、主張―反論―再反論のプロセスを中核とする「議論」にのせるために必要とされるのであり、「議論」による客観性の獲得を目的とする。

　「議論」による正当化のプロセスを機能させるという視点からは、憲法解釈の論理性、体系性の保持を訴える内野正幸の主張も重要である。論理性、体系性を持たない憲法解釈は、論理的な批判を加えることが困難であり、「議論」による正当化のプロセスを経ることができないからである。

　内野は、戦後日本の憲法解釈論が「運動論や政治主義の侍女になる傾向」を有し、「解釈に関わる言明（や複数の言明間の論理連関）が不明確であったり、場合によっては論理一貫性の観点からみて問題が感じられる主張がなされたりすることも、ないではなかった」[60]と指摘している。論理一貫性のない主張は「議論」による正当化が困難であることから考えると、論理性に欠ける憲法解釈の提示を抑制することは、憲法学全体にとって重要だということになるだろう。また、「従来の憲法学がしばしば結論の妥当性またはその善悪を過度に重視していた」ことに対し、「憲法解釈の理論的整合性や明快性という法解釈の基本的な構成要素を重視するという考え方」を示す藤井樹也の論[61]も、同様に位置づけることができる[62]。

　法解釈の客観化に関わる以上のような理解に対する異論は、当然にありう

る。批判されるとすれば、本章で見たのとは異なる客観性の概念や法解釈の客観化の手法が提示されることになるだろう。つまり、本書が採用する客観性理解を採用しえないとするのであれば、法解釈における客観性とは何か、その客観性を達成するためにいかなる手法を用いるべきかについて、代替案を示す必要がある。例えば、外在的な基準に従う手法があるとすれば、その基準を示し、基準に適合する条件を示すことになるだろう。

いずれにせよ、「議論」はそういった主張にも開かれている。感情的な人格批判等の非論理的な批判を除いて。

【第3章要約】

・平井宜雄の論に依拠すると、法的議論の客観性とは、解釈者個人による証明や論理操作のみによって達成できるものではなく、解釈者集団による「議論」を経ることで獲得される。法解釈の場面では、法解釈が主観的判断を含むことを前提とした上で、解釈論の優劣が語られるのであり、「法解釈の結論の相違は、各人の個人的判断や感覚の違い以上のものではない」とするような相対主義や懐疑主義は否定される。

・以上のような理解を採用すると、自己の憲法解釈の方が競合する解釈より妥当であると主張するためには、権威、研究歴、学歴など、議論に内在しないものを根拠とするのではなく、事実と論理を提示しながら当該解釈を正当化することになる。

・議論が噛み合わないといけない理由。それは、論点などがずれないでうまく合うことが、主張－反論－再反論という正当化のプロセスを機能させる条件の一つだからである。ある法解釈について噛み合わない議論が散在する状況では、法解釈は客観化されない。

・事実と論理に基づく憲法解釈の正当化の一手法として参考になるのが、渡辺康行の「憲法理論」の提言である。彼によると「『憲法理論』とは、ある特定の解釈主体が憲法の個々の条文について行っている様々な解釈論の基礎に存する、体系的な基本思考」のことである。そして、憲法解釈の客観化のために、憲法の個別の条文解釈を導く「憲法理論」を明示し、議論の場にさらすべきだとの提言がなされている。

・例えば、ある人権理論が一定の条文解釈の背後にあって、解釈を導く役割を果た

している場合は、その人権理論は明示されるべきだし、当該解釈の批評は、人権理論の存在を意識しながら行われるべきだということになる。そうすることで、「議論」による正当化のプロセスを機能させることに資するかもしれない。

・また、内野正幸の提言も参照すべきであろう。彼は、「憲法解釈論にとって論理性・体系性を保持することが最低限必要であり、このことは憲法解釈を一つの学問として確立するためにも不可欠である」と述べ、「厳格憲法解釈」を提唱する。論理性、体系性を持たない憲法解釈は、論理的な批判を加えることが困難であり、「議論」による正当化のプロセスを経ることができないと考えれば、この主張は憲法解釈を客観化するための最低限の条件を示すものだと理解することもできるだろう。

・上記のような理解と主張が妥当ではないとの批判は当然にあり得る。ただ、その批判も「議論」のプロセスの一部だということになるだろう。私に対する感情的な人格批判等の、非論理的な批判を除いて。

注
1) 平井 1989、平井 1991、平井・星野・瀬川・田中成明 1989 参照。
2) 碧海 1989、61 頁、甲斐 1989、星野 1989 など。
3) 平井 1989、70-71 頁参照。
4) 平井 1989、57 頁。平井・星野・瀬川・田中成明 1989、16 頁（平井発言）。
5) 平井・星野・瀬川・田中成明 1989、16 頁（平井発言）。
6) 平井 1989、14 頁。注意が必要なのは、平井の言う「議論」は日常用語的な意味とは異なる意味を有するものである、ということである。平井の「用いる『議論』の意味は（…）哲学的レベルのものであり」（平井 1991、20 頁注 (2)）、「議論」は「一つの法律学像全体の根拠づけとなっている」（傍点原文）とされている（平井 1991、16 頁））。
7) 平井 1989、16-19 頁。
8) 平井 1989、20-24 頁。この他に「正当化には二つの異なったレベルがある。一つは、或る言明を論理的な（…）推論のテストにさらすことによって正当化するというレベルである。もう一つは、右のテストの前提となる言明そのものの正当化というレベルである」という命題が提示されている。この正当化のレベルの違いは、「ミクロ正当化」と「マクロ正当化」として表されている。
9) 田中成明 1994、355 頁参照。戦後法解釈論争については、この他に、来栖 1954、川島 1983、加藤 1974、甲斐 1980、星野 1970、1 頁以下、48 頁以下、田中成明 1989、70-93 頁、碧海 1960、川島・来栖・加藤・潮見 1954、等を参照。
10) 平井 1991、28 頁。

11) 平井1991、28-29頁。
12) 平井1991、26頁。
13) 平井1991、19頁。平井は、事実や論理に基づく主張―反論―再反論のプロセスが「すべての人に対して開かれており、その中で自由に批判的に『議論』が行われるような仕組みを維持し、拡充し、作り出していくことの重要性」を強調し（平井1989、65頁）、「議論」の参加者に対して「一つの倫理的態度―さわやかな弁舌だけで反論を押さえこんだり、ジャーゴンを駆使してごまかしたりしない態度、自らを反論に敗れるかもしれないリスクにさらす態度、相手の人格や心理ではなく、言明の内容だけを尊重する態度、等々」を要求している（平井1991、32頁）。
14) 平井1991、24-25頁。
15) 平井1991、31頁。
16) 平井1991、36頁。
17) 平井1991、29頁。
18) 渡辺〔1990-2001〕。
19) 渡辺〔1990-2001〕(1)、2-3頁。
20) 渡辺〔1990-2001〕(1)、3頁。
21) 渡辺〔1990-2001〕(6・完)、89頁。また、渡辺〔1990-2001〕(1)、6頁。
22) 渡辺〔1990-2001〕(1)、5頁。
23) ただし、「憲法理論の性格、内容は、論者により様々で」あるとされている（渡辺〔1990-2001〕(1)、7頁）。では、渡辺自身の憲法理論の理解はどのようなものなのか。この点については、渡辺が学説二分論との関係で「論理的に構成されていれば、『解釈学説』であっても『理論』の名に値するという態度を採っている」同七頁。こと、特定の論者の「憲法理論」理解にコミットしている形跡は見つからないこと、それぞれ異なる「憲法理論」理解を採る論者の理論の分析に基づいて「憲法理論」の存在が指摘されていること、等から考えて、渡辺は、個々の条文解釈の基礎に存する、あるいは前提となっている基本的な考え方が理論的あるいは論理的に構成されていれば、それを広く「憲法理論」と呼ぶ立場を採っているものと思われる。
24) 渡辺〔1990-2001〕(1)、4頁。
25) 渡辺〔1990-2001〕(6・完)、87-88頁。「このような動向を最も典型的な形で体系化したのはアレクシーである」が、「彼の議論はドイツにおいて突然出現したわけではない」。
26) 渡辺〔1990-2001〕(6・完)、89頁。
27) 渡辺〔1990-2001〕(6・完)、84頁。「そして私自身そのような試みを、不十分ながら別稿で行ってもいる」。渡辺1997a、渡辺1997b、渡辺2000。
28) 渡辺〔1990-2001〕(6・完)、95頁。
29) 渡辺〔1990-2001〕(1)、6-7頁。
30) 平井1989、20頁。

31) 平井 1989、20 頁。
32) 渡辺〔1990-2001〕(1)、5 頁。
33) 渡辺〔1990-2001〕(6・完)、87-88 頁。
34) 渡辺〔1990-2001〕(6・完)、89 頁。
35) 平井 1989、53 頁参照。
36) 渡辺 2002、108 頁。
37) 渡辺〔1990-2001〕(6・完)、94 頁。
38) 平井 1989、65 頁。
39) 渡辺〔1990-2001〕(6・完)」、91 頁。また、渡辺〔1990-2001〕(3)、120 頁、渡辺 2002、107 頁。
40) 渡辺 1999、13 頁。
41) 渡辺〔1990-2001〕(6・完)、91 頁。また、少し文脈は異なるが、藤井 1998、57-58 頁は、憲法解釈における循環を積極的に承認している。
42) 平井 1989、55 頁は、「『マクロ正当化』が確実な基礎づけによって究極的に『正当化』されなければならないという考え方はこれを棄てるべきである。このような考え方は、戦後法解釈論をして、大きく分けて『無限後退』に導くか、価値判断には『きめ手』はないから『科学』化するしかない、という二つの方向のいずれに向わせ、法律家の活動そのものを視野から見失わせる結果をもたらした。しかし、(…)『議論』による『正当化』という法律家の活動に着目するならば、『究極的な』正当化の根拠があるという考え方は排除されるべきなのである」と述べている。
43) 平井・星野・瀬川・田中成明 1989、16 頁（平井発言）。
44) 長谷部 2000、32 頁参照。
45) 内野 1991、4 頁。
46) 内野 1991、25 頁。
47) 藤井 1998、46 頁参照。
48) 宮沢 1967、185 頁以下、宮沢 1968、65 頁以下、87 頁以下。宮沢の学説二分論について、高見 2000、第一部、芦部 1983a、168 頁以下、樋口 1992、3-11 頁、樋口 1994、1 頁以下、岩間 1985、杉原・奥平・樋口・影山・阿部照哉 1968、長谷川 1974 参照。
49) 高見 2000、7 頁。批判的見解として、長谷川 1974、3-116 頁。
50) 前者が樋口陽一、後者が芦部信喜である。この理解の違いは憲法「解釈」観の違いに結びついている。樋口陽一は批判的峻別論を提唱したが、ここでは「科学学説」を基礎としない「解釈学説」が『科学的』『客観的』ではなくて『主観的』なものでしかありえない」という理解が採られていた（樋口 1994、24 頁参照）。これに対して、芦部信喜は「憲法規範の趣旨・目的にもっとも合致した、相対的に客観性のもっとも高い解釈は可能」であるとの考えを明らかにしている（芦部・橋本・小林 1984、83-84 頁（芦部発言））。

51) 宮沢1968、87頁以下。
52) 宮沢1968、93-94頁。
53) 平井1989、26-30頁、藤井1998、27-36頁、青井2000、12-21頁。また、君塚2002、11頁。
54) ポパー1971、1972、Kuhn 1996、クーン1998。例えば、クーンは、「競合理論のどれを選択するかはすべて客観的要素と主観的要素との混合物、あるいは、共有基準と個人的基準との混合物に基づいている」と述べている（クーン1998、423頁）。野家1993、野家1998、ファイヤアーベント1981も参照。
55) 井上1986、18頁。
56) 例えば、星野1970、42-43頁。井上1986、第一章。
57) 松井1993、28頁。
58) 例えば、樋口陽一はポパーの反証可能性に触れている（樋口1994、61頁）が、「反証可能性、反駁可能性、ないしテスト可能性が必要なことは、憲法学が学問である以上、それが実践の学であっても何ら変わるものではなかろう」（君塚2002、12頁）。ポパーの理論について、嶋津1985など参照。
59) 藤井1998、58頁。
60) 内野1991、3-4頁。
61) 藤井1998、422頁。
62) 「憲法理論」の明示は、憲法解釈の論理性や体系性のチェックにも資するだろう。また、憲法訴訟論の中に「いかなる場合にいかなる審査基準を適用すべきかを論ずる『表層』の技術論だけではなく、審査基準の背後にあってその正当性を支える『深層』の理論」が存在すると考える見解についても、「深層」の理論と「憲法理論」とが同様のものと考えれば、同じ働きを期待できる。長谷部1999b、41頁。また、長谷部1991、102-103頁。

第1部のまとめ

1.「議論」による正当化と噛み合わない議論

　これまで、権利保障の問題を中心とした憲法13条解釈について、学説は判例と噛み合っていないこと（第1章）、学説同士も噛み合っていない（第2章）ことを見た。

　私が議論の噛み合わせに関心を持つのは、解釈の客観化について、一定の立場を前提とするからである。すなわち、「客観性」とは、個人が外在的基準に照らして単独で追求しうるものではなく、解釈者集団における議論に内在するものである。この意味での憲法解釈の客観性は、「議論」による正当化プロセスによって獲得される。以上を前提とすると、憲法解釈の提示（主張）—それに対する批判（反論）（—以下続く議論）は、論理的に噛み合ったものでなければならない。非論理的な言い合いでは、「議論」による正当化のプロセスは機能しないからである（第3章）。

　第1章、2章で検討の対象とした、判例の基本的な憲法13条解釈と5人の学者による憲法13条解釈論は、遅くとも1995年末の時点で、出揃っていた。しかし、憲法13条解釈に関わる議論が噛み合ったものだったとは言い難い。提示された解釈論に対する批評を行う際は、批評の対象となる解釈論の理論構造をきちんと捉える必要があったのに、それができていなかったのである。複数人で行われる通常の議論においても、相手の主張や論理をきちんと踏まえないで、独自の主張を行うだけでは、議論はかみ合わない。相手の意見を変えたければ、まずは相手の意見をきちんと聞く必要がある。

　それでは、憲法13条解釈はどのように議論されるべきだったのか。

2. 判例を前提とした議論の必要性

　学説は、判例とは離れたところで議論を行ってきた。しかし、裁判所における憲法解釈を念頭に置く以上は、判例をきちんと踏まえるべきであろう。学者だけの狭い世界でのみ通用する、実務に影響力を持たないような解釈学説を生産しても意味はない。

　もちろん、裁判実務に影響を与えるための方法は、複数であり得る。例えば、「学説は、判例を外側から批判していくべきか、判例理論を内在的に理解した上で、それを再構成していくべきか」といった戦略について唯一の正解があるわけではない[1]。そう考えると、裁判所における解釈を想定して行われる憲法13条解釈がどのように行われるべきなのかも、議論の対象となりうるし、判例と学説との距離がある現状では、議論の対象とすべきだろう。

　判例については、憲法13条によって「私生活上の自由」が保障されること、その中には「承諾なしに、みだりに容ぼう・姿態を撮影されない」自由以外も含まれうること、それらの自由は公共の福祉に基づく制約を受けることが、示されていた。これを前提に、裁判所における憲法13条解釈について語るなら、「私生活上の自由」にはどのようなものが含まれうるのか、「私生活上の自由」以外は保障の対象とならないのか、といった議論が想定しうる。

　あるいは、公共の福祉を理由として簡単に制約されないための、権利自由の強さ、重要性といった議論も可能であろう。例えば、人格的生存に関わらない自由については厳格度をゆるめた基準で審査すべきだとする学説があったが、判例を前提に考えると、結局、それらの自由は制限が許容されることにならないか。「私生活上の自由にバイクに乗る自由が含まれる。しかし、公共の福祉に基づく制約として許される」、と。

　そう考えると、必要なのは、公共の福祉によって簡単に制約されないだけの権利の強さ、重要性の論証なのかもしれない[2]。保障範囲は広いがほとんど制約される説と、保障範囲は狭いが制約が認められにくい説。どちらが優れているかは簡単には決められないだろう。

　いずれにしても、学説を展開する研究者は判例を踏まえた議論を心がけるべきであろう。判例を尊重すべきであると言い換えてもいいかもしれないが、学説

が判例に従うべきだという意味ではない。判例を批判するにしても、その批判は判例をきちんと読み込んだ上で行われなければならない、ということである。

例えば、法律「実務家」を養成する場である法科大学院において、「判例は固まっているけれども、その理論は間違っている。学説の唱える枠組みで事案を処理すべきだ」と教えることの違和感。この感覚は、確固とした判例が存在する状況で、判例とは異なる議論を真正面から行うような主張を、実務家が行う場面は多くはないと考えた場合に、生じるのだと思われる[3]。

そもそも、法廷で、頻繁に判例批判が行われ、しかもそれが採用される確率が高いような状況では、「判例」が拘束力を持っているとは言えないだろう。裁判官が行うのは、目の前にいる当事者の主張の吟味であり、紛争の解決に直接の関係がなければ、学説の動向を踏まえた判断を行う必要などない。

研究者にとっては、判例が変更される場面を考えるのが仕事の一つでもあるので、判例とは異なる論理をベースに考えるのは、仕方のないことなのだろう。しかし、学説が裁判所の判断に対する影響力を持ちたいなら、判例を踏まえる必要がある。例えば、頭から判例理論の採用や修正の可能性を否定して、諸外国の理論の採用を訴えるような議論が、どれほど現実的な説得力をもつのか。原則として判例に従いながら職務を行う裁判官を動かしたいのであれば、判例分析を前提にして学説を展開すべきである。

3. 研究者同士の議論の仕方

（1） 憲法上の権利に関わる一般論と憲法13条解釈

佐藤と阪本の憲法13条解釈論を批評するには、その背景に人権の基礎づけにまでさかのぼる人権理論があるという理論構造を前提にする必要があった。また、松井の憲法13条解釈を批評するには、その背景に松井独自の司法理論があることをきちんと意識する必要があった。

憲法上の権利に関わる一般論と憲法13条解釈が密接に結びついている例は、他にもある。

長谷部恭男は、憲法13条前段が個人の「切り札」としての人権を保障しており、後段は国家権力の行使を公共の福祉に限定するために、一般的な行動の自由を国民に認めている、との憲法13条解釈を提示している。この説の背後

には、「憲法上保障された権利には、『切り札』としての人権と、公共の福祉にもとづく権利の二種類のものがある」という憲法上の権利理解とこれに関わる理論が存在し、憲法13条解釈を支えている[4]。

このような長谷部説について、その理論構造をきちんと踏まえずに批評等を行うと、その議論は不合理なものとなってしまう。例えば、戸波は、長谷部の「切り札」としての人権論について、「しかし、人権問題は実際の日常的な社会の中で頻繁に生起しており、幸福追求権論も個人の日常的な活動を広く保障する理論でなければならない。『切り札』論が日常生活の中で人権保障を軽視するものであってはな」ないと述べる。しかし、戸波は、自己の「人権」理解を、既に妥当なものとして想定してしまっている。長谷部の論においては、「切り札」とは言えない権利の問題は、「人権」問題ではない。長谷部説に対する批評を行うのであれば、彼の提示する一般的な人権理論をきちんと踏まえる必要がある。

また、藤井樹也は、「『自由』や『幸福追求』の内容に『価値的限定』や『プロセス的限定』をくわえるのではなく、『権利』という語の用法に『言語的限定』をくわえることによって、自己決定権の保障範囲の無限定な拡大にはどめをかけるべきである」との憲法13条解釈を提示している[5]。彼は、憲法13条解釈の問題を保障範囲の問題として捉えているが、彼の憲法13条解釈の背後には彼独自の「権利」観が存在する。藤井は、「日本国憲法のもとでの『憲法上の権利』は、裁判所での『救済』とむすびついた概念」であるとしながら、「『権利』という用語は、ある利益ないし価値が裁判所で救済をうける文脈に即してもちいられる『ことば』である」として「権利」の概念に用法上の限定（言語的限定）を加えることを提唱している[6]。そして、この「権利」概念が憲法13条解釈論にも反映されている、という理論構造を藤井説は持つ。

藤井の採る「〈解釈学〉モデルの権利観」は、一方で、「法規範からみちびきだされる抽象的レヴェルでの『権利』の概念を基礎に理論構成をおこなうこと」を「積極的に評価し」、他方で、「具体的ケースからみちびきだされる具体的レヴェルでの『権利』をも視野に」収めるものである[7]。そして、この「権利」観は、藤井の提示する解釈方法論と密接に結びついている。

したがって、藤井説に対する批評等を行う場合には、彼の提示する「権利」

観及びそれを支える解釈方法論を視野に入れなければならない。

（2） 憲法13条による明文にない権利の保障の根拠

いわゆる幸福追求権の具体的権利性の問題についても、保障内容の問題と関わるものとして、今一度見直される必要があるかもしれない。

佐藤説、阪本説においては、憲法13条によって明文にない権利が保障される理由と憲法13条の保障内容が、密接につながっている。元々、「憲法13条の『幸福追求権』に具体的権利性を承認する現在の通説的見解の基礎をきずいた」[8]とされる種谷春洋の主張[9]も、具体的権利性を認めるための議論と保障内容がリンクしていた。すなわち、憲法13条によって人格的利益が補充的な保障を受けるのは、人格的利益が憲法上の保障を受けるに値するだけの重要性を有するからである。

これを限定説として批判するならば、憲法13条によって具体的権利が認められる理由についても、別の議論をする必要はないのか。例えば、一般的自由説を採るのであれば、一般的自由がなぜ、憲法13条を根拠として認められるのかについて論じる必要はないのだろうか。具体的権利性については人格的利益説的な説明を使いながら、保障内容については一般的自由を唱えるということが論理的に可能なのだろうか[10]。

（3） 批判の仕方

佐藤や阪本の説について、彼らとは別の解釈論を提示するとすれば、大きく分けて2つの手法がありうるだろう。

1つは、同様の理論構造を採りながら異なる主張を行う方法。例えば、佐藤とは異なる人権理論を提示しながら、それを基本理論として憲法13条解釈を行ったり、佐藤の人権理論を採用しながら、憲法13条解釈への応用の仕方を変えたりする手法があり得る。

もう1つは、異なる理論構造を採る方法。例えば、道徳理論による人権の基礎づけといった理論的要素が憲法13条解釈と結びつくことを否定し、異なる憲法解釈の方法を採用して、憲法13条解釈を行うのである。これはいかなる解釈方法を採用すべきかの議論となる。

そして、ここから本書の検討は、解釈方法に関わる議論に軸足を移していく。

4. 解釈方法と司法理論

（1） 松井の問題提起

　松井説の前提には、「どのようにして憲法解釈を行うべきか」という方法論に関わる問題提起がある。松井説に対する批判は各所で行われているが、プロセス理論が採用しえないと述べるだけでは、松井の問いに答えたことにはならない。「憲法解釈から実体的判断を取り除くことは不可能だ」。では、裁判所は正面から政治的判断を行っても良いのだろうか。あるいは、政治から切り離された法的思考に独特の判断のみを行うべきなのか。法的思考に独特の判断とはどのようなものか、などなど。松井説の不採用は、別の解釈方法の採用を伴うことになるはずである。

　つまり、松井の主張には、憲法解釈の理由付けの仕方には一定の制約があるのではないか、という問題提起が含まれている。「制約などない」「憲法解釈の際に考慮すべきでない事柄などない」との立場もあり得るが、それも1つの方法論である。例えば、道徳理論を含む重厚な人権理論に裏付けられた佐藤の憲法13条解釈についても、もし憲法解釈の際に道徳理論を考慮すべきでないとすれば、理由付けの仕方に誤りがあることになる。

　以上のように考えると、憲法13条解釈の背後には、より基本的な理論問題として、解釈方法論が存在する。憲法解釈の前提には、意識するしないを問わず、一定の解釈方法がある。憲法解釈は、解釈をどのようにして行うべきかという方法論の問いからは逃れられないのである。そして、裁判所における解釈、適用を前提とすると、解釈方法論は、裁判所の役割や権限等の司法理論と密接に結びつく。

　裁判所の役割について、松井以外の4人の論者はどのように考えているのだろうか。

　芦部信喜、戸波江二は、裁判所による法創造機能・政策形成機能の重要性、必要性を説いている[11]。「裁判官も政策形成者であることを端的に認め、司法的政策形成を政治過程の一環として位置づけ」[12] ることが重要視され（芦部）、違憲「審査の過程で憲法に適合する政策判断も行うことは可能であり、また必

要でもある」[13)]（戸波）とされている。

　佐藤は、以上のような理解に批判的な立場を採る。裁判所が行うべきは、「実定法的諸ルールを中心に、そうした諸ルールの基礎ないし背景にあって権利の存否を確定するのに仕える諸基準・諸法理」の総称概念である「『法原理』による権利の確定を通じての紛争の解決であって、社会全体の利益にとって何が重要かといった政策的判断では決してない」[14)]（裁判所は「法原理」部門である[15)]）。

　阪本は、裁判所を「法原理機関」として理解することに批判的であるが、裁判官が法を創造すると考えることは拒否する[16)]。裁判官は、「立法と、そのもとに発生した具体的事実を一つの素材として、法を発見し、維持することを任務とする」[17)]。裁判官による紛争解決は、自由裁量を含むことはあるものの、「実定法を手がかりとして、それに根ざした類推（アナロジィ）または『理由に基づいた対応』（reasoned response）であることを明らかにすべく、常に論拠（rationale）を提示する試みである」[18)]。

　以上のような理解の違いが、憲法13条解釈の仕方に影響を及ぼしている可能性はある。ただ、松井以外の4人は、裁判所の役割や解釈方法論と憲法13条解釈とを松井ほど意識的に関連づけて論じていない。

（2）　憲法解釈と司法理論
（ⅰ）憲法適合性に言う「憲法」と裁判所の権限

　これに対し、具体的な憲法解釈と司法理論とのつながりに否定的な見解もありうるだろう。

　もし、憲法13条解釈に際して裁判所の権限や役割について論じる必要性はないという見解があるとすれば、その論者の頭の中には憲法81条の存在があるのかもしれない。憲法81条は「最高裁判所は、一切の法律、命令、規則又は処分が憲法に適合するかしないかを決定する権限を有する終審裁判所である」と定めている。この条文を読んで、「個別の憲法条文の解釈」→「裁判所による適用」という論理の流れをイメージする。そうすると、条文解釈と裁判所の権限の問題は別個独立の問題であり、しかも、裁判所には憲法81条によってその憲法解釈を適用する権限が与えられている、というような考え方が導か

れるかもしれない。この考えに従えば、憲法13条によって保障される権利の内容の問題において、裁判所の権限はさほど重要な問題でなくなる可能性もある。つまり、憲法81条がある以上、憲法13条解釈に関わる裁判所の権限について議論すべき問題はほとんどない、と。

しかしながら、論理的には、「憲法適合性審査」にいう「憲法」の内容の問題には「憲法が裁判所に与えた権限、役割はいかなるものか」という問題も含まれるはずである。「憲法」によって裁判所に与えられた権限を超えた審査権の行使は、それ自体「憲法」に適合しないことになる。そして、憲法81条その他の憲法条文によって与えられた裁判所の権限がいかなるものであるかは解釈問題であり、一義的な解答が約束されているわけではない。

これまでも憲法が裁判所に与えた権限、役割に関わる問題は憲法解釈問題として扱われてきた。例えば、警察予備隊違憲訴訟[19]において最高裁は、「我が裁判所は具体的な争訟事件が提起されないのに将来を予想して憲法及びその他の法律命令等の解釈に対し存在する疑義論争に関し抽象的な判断を下すごとき権限を行い得るものではない」と述べている。この理解に従えば、「憲法」適合性審査にいう「憲法」によって裁判所に与えられた権限は付随的審査の権限なのであって、抽象的審査を行えば、それは憲法に反する行為となる。また、苫米地事件判決[20]では、「直接国家統治の基本に関する高度に政治性のある国家行為」について、「かかる国家行為は裁判所の審査権の外にあ」るとして、いわゆる統治行為についての裁判所の審査権限を否定する判断がなされている。

これらの判断は、憲法が裁判所に与えた権限に関する最高裁の「憲法」解釈であると言い得る。そして、これらの判断に批判的な見解は、別の「憲法」解釈を提示していることになる。例えば、抽象的審査は可能だという見解があるとすれば、それは裁判所の審査権の内に抽象的審査の権限が含まれるという主張であり、最高裁の「憲法」解釈に批判的な、別の憲法解釈なのである。

ただ、裁判所の権限については、理論的に、憲法によって与えられた権限と訴訟法等の法律によって与えられた権限が考えられる（例えば、警察予備隊訴訟においては、憲法だけでなく、裁判所法や行政事件訴訟法も判断の基礎となっている）。ここから、憲法によって裁判所に与えられた権限が既存の法律

によって妨げられている、あるいは制定されるべき法律が制定されていないために憲法上の裁判所の権限が行使できない、といった主張が出てくることになる[21]。ただ、この問題は、憲法によって与えられた権限は訴訟法等の制定を条件としないと行使できないのか、それとも、憲法のみを根拠として行使することができるのか、といった憲法解釈上の問題として捉えることができる。したがって、憲法の解釈、適用に関わる裁判所の権限は、やはり「憲法」解釈の問題であると言うことができる。

（ⅱ）憲法上の権利の問題と裁判所の権限

そして、憲法上の権利の根拠とされる具体的な条文解釈の問題でも、これまでの判例、学説は裁判所の権限の問題を扱ってきた。

憲法25条（生存権）を例に考えてみよう。堀木訴訟[22]において最高裁は、「憲法25条の規定の趣旨にこたえて具体的にどのような立法措置を講ずるかの選択決定は、立法府の広い裁量にゆだねられており、（…）裁判所が審査判断するのに適しない事柄であるといわなければならない」と述べている。この判決は生存権の性質に関する判断と同様、裁判所の権限、あるいは能力についての判断も含むと言える。

学説における通説的な見解とされる抽象的権利説は、判例に批判的な立場は採るものの、憲法25条を直接の根拠として裁判所による救済が可能だとは考えていない[23]。このような見解は、権限の面から見れば、「憲法25条を直接の根拠とした生存権の救済の権限を裁判所は有していない」という理解を採っていると言えるだろう。一方で、生存権の具体的権利性、裁判規範性を積極的に認めようとする見解は、裁判所の救済の権限がこの領域にまで及ぶという主張を行っている[24]。憲法25条解釈において、裁判所の権限や能力の問題が1つの重要な論点となっているのである。

このことは、いわゆる二重の基準論についても言える。この理論は、概略的に言えば「精神的自由の規制については、経済的自由の規制に比べて厳格な審査が行われなければならない」[25]というものである。これは、「裁判所は精神的自由の規制については、経済的自由の規制に比べて厳格な審査を行う『権限を有する』」あるいは「経済的自由の規制については、精神的自由と同様の厳格な審査を行う『権限を有しない』」という議論でもある。この理論の論拠

の一つとして、「経済的自由の規制は社会・経済政策の問題と関係することが多く、その合憲性を判定するには諸々の複雑な利益の調整と政策的な判断を必要とするが、裁判所はそのような能力に乏しく、それを行う適切な機関ではない」[26] ことが指摘されるが、これは、経済的自由の領域での裁判所の権限に関わる解釈の一つであると言い得ると思われる。

　以上見てきたように、憲法上の権利に関わる条文解釈においても、裁判所による解釈、適用を前提とすれば、裁判所の役割、権限の問題が扱われることになる。ある権利についての裁判所による審査権の行使に消極的な見解に対する批判は、「裁判所が行使すべき権限はより広いものである」という主張を含むことになる。裁判所の権限の問題は、裁判所による解釈・適用を前提とした憲法解釈論に不可避的に関わってくるのである。だとすれば、憲法13条解釈についても、裁判所による解釈・適用を前提とするならば、裁判所の権限、役割あるいは能力の問題を扱わざるを得ない。

　以上のような認識を基に、第2部では、司法理論と結びついた憲法解釈方法論の仕方について検討する。そして、方法論の検討は非常に深い所にまで達することを見ることになる。憲法解釈の背後には様々な理論的な問題があるのだ。

　なお、裁判所の役割等の司法理論を離れた憲法13条解釈も、裁判所における適用を離れれば、可能である。これは、最後に見る。

注
1) 渡辺2009、19頁。続けて、「いずれの立場も重要であることは、言うまでもない。しかし、従来の憲法学は外在的批判にあまりにも傾斜しすぎていたため、実務との距離が遠くなりすぎたというきらいがあるのではないか。そのことにかんがみて、従来とは別の手法をとることの実際上の有効性を確認しておいてもよいように思われる」。
2) 例えば、原告の主張を一部認めた住基ネット訴訟の大阪高裁判決では、「私生活上の自由としてのプライバシーの権利は、人の人格的自律ないし、私生活上の平穏の維持に極めて重要」として、自己情報コントロール権が憲法13条によって保障されると述べる。ここで「人格的自律」という概念が用いられたのは、本件で憲法13条による保護が問題となるのは簡単には制約が正当化されない権利であるという、論証の一部だと解することもできるかもしれない。
3) 例えば、2008度新司法試験論文式の公法系第1問の出題趣旨には、簡単に「検閲には該当しない」と書かれていた。判例の検閲の定義を前提にすれば、当然のように導かれる結論である。

第1部のまとめ　87

ところが、実際には、検閲に該当するかどうかに字数を使った受験生は多かったし、そうすべきだと教える法科大学院教員もいたようである。

「判例の検閲概念が妥当であるとは限らない」という態度で問題に取り組むと、検閲該当性は1つの重要な論点として、厚く論じるべき問題だということになる。ただ、例えば、神戸地裁で「判例の検閲概念は妥当ではない」と主張して、それが受け入れられる可能性は、どれほどあるのだろうか。

4) 長谷部1994、59頁、63-65頁、長谷部2008、116-120頁、152-153頁。また、長谷部1991、第6章、第8章、長谷部1999a、第2章、長谷部1999b。
5) 藤井1998、356頁。
6) 藤井1998、146頁。藤井は、先に見た佐藤の想定する「『権利』の三重構造」に批判的である(同407-408頁)。藤井の議論は、憲法上の権利＝裁判所による救済が行われる権利、という想定を行うものであり、裁判所による救済とは結びつかない権利まで「権利」と呼ぶことは妥当ではない、とするのである。
7) 藤井1998、142頁、356頁。
8) 藤井1998、322頁。
9) 種谷1964-65。
10) 判例が具体的権利性を認めたということを根拠とするのかもしれない。しかし、判例を根拠として具体的権利性を肯定し、後は保障範囲の問題だとするような議論に使うためには、もう少し説明が必要だと思われる。
11) 芦部1981、141頁、芦部1983b、219頁、芦部1987、戸波1987、戸波1999、参照。
12) 芦部1981、158頁。
13) 戸波1999、35頁。
14) 佐藤1988a、62頁。
15) 佐藤1995、292頁。
16) 阪本2000、380-385頁。
17) 阪本2000、386頁。
18) 阪本2000、385頁。
19) 最大判昭和27年10月8日民集6巻9号783頁。
20) 最大判昭和35年6月8日民集14巻7号1206頁。
21) 棟居1992、第5章参照。
22) 最大判昭和57年7月7日民集36巻7号1235頁。
23) 佐藤1995、619-625頁、芦部2007、82、254-255頁。
24) 例えば、棟居2001、348頁以下。
25) 芦部1994、213頁以下参照。
26) 芦部1994、219頁。

第 2 部

議論の対象となりうる事柄

第4章 「客観性」と解釈方法
——「客観」の意味は1つではない——

【導入】

　解釈方法に関わる議論はどのようにして行われるのか。本章以下では、議論の対象となりうる事柄の例を示したい。検討の素材はアメリカの論者に求め、解釈方法論が解釈の「客観性」の問題や司法理論等の様々な一般理論と関連することを見る。出発点は、松井が依拠するElyのプロセス理論である。

　第4章から6章では、アメリカでの議論を基に検討を行う。検討の素材は、主にEly、Tushnet、Dworkin、Sunstein の4人の論者の理論である。ただ、彼らは、それぞれにコメントし合っているけれども、本書のテーマに沿って論争したわけではない。本書における整理の仕方は、あくまで私の問題関心を基にしたものである。

第1節　J. H. Ely の主流学説批判

1. Ely のプロセス理論

　Ely のプロセス理論[1]は、松井茂記が紹介・採用して日本国憲法の解釈論においてその妥当性を主張し[2]、これに関する議論も活発に行われている[3]が、本章の関心は、当理論の是非を問うことにはない。本章が出発点とするのは、Ely のプロセス理論そのものではなく、彼が自己の理論を提示する前段階として行っている、実体的価値に基づく裁判理論に対する批判である。

　Ely は、Carolene Products 判決の脚注4を手掛かりに、参加志向的、代表補強的司法審査アプローチを提示している[4]。これによると、裁判所の役割は、結果に着目した実体的価値の選択と調整ではなく、プロセスに生じた機能

障害の除去である。

　代表民主制にあっては、価値の決定は、われわれの選挙された代表者によってなされるべきであり、そして、もし事実われわれのほとんどが反対なら、われわれは彼らをその地位から投票で追い出すことができるのである。機能障害はプロセスが信頼に値しない場合に生ずる。すなわち、(1) 内部の者が、自分達が内部にとどまっていて外部の者が外部にあるよう確保するため、政治的変化の経路を閉塞させている場合、あるいは、(2) 誰も現実に発言ないし投票を拒否されてはいないが、実効的な多数者に恩恵を受けている代表者が、単なる敵意から、あるいは偏見から利益の共通性を認めるのを拒否して、少数者に系統的に不利益を与え、それによってその少数者に対し、代表制により他の集団に与えられている保護を拒否している場合、である（傍点原文イタリック）[5]。

　この理論は、裁判所による司法審査は、裁判所に与えられた役割すなわち代表プロセスの維持に適う限りで正当化されるとするものである。そして、当然、個別の条文解釈もこのような理論に導かれて行われることになる[6]。

2. Ely の主流学説批判

（1）　司法権による実体的価値の執行の問題点[7]

　Ely が批判の対象として定式化しているのは、裁判所が、何らかの定式によって、真に重要なあるいは基本的な価値を同定し、裁判部門に対して執行することによって、憲法の開かれた諸規定に内容を与えるべきである、とする諸理論である。ここには自然法や伝統、コンセンサス等に基づく基本的価値に依拠するものが含まれる[8] が、Ely は、それらの源泉が抽象的で、一義的な具体的内容を示すものではなく、その内容の具体的確定に際して、裁判官による操作の余地があることを指摘する。

　裁判官あるいは研究者が、実体的価値について何らかの非個人的な同定方法によって客観的なものであるかのように語っているとしても、本人がそれを十分に自覚しているか否かに関わらず、その人自身の価値であることが多い[9]。抽象的なレベルで、自然法やコンセンサスに基づく価値の同定の方法を受け入れ、これを使用するとしても、その具体的内容の確定を行うには、判断を行う者の個人的選択に依らざるを得ない。だとすれば、このような性質を持つ方法によって憲法解釈が行われた場合、最終的な結論は主観的判断の産物であるこ

とになる。そしてこれは、裁判官が自己の主観的価値判断によって政治部門の決定を覆す、という事態を引き起こしてしまう。Ely はこれを民主主義的正当性の観点から採用し得ないものとするのである。

ここで Ely が問題にしているのは、実体的価値に依拠することによって憲法解釈が個人的・主観的性質を帯びる点である。裁判所が違憲審査によって政治部門の行為を無効とすることは、「選挙されてもいなければ、他に意味ある仕方で政治的責任を負ってもいない機関が、人民の選挙された代表者に対し、その望むように統治することはできないと告げる」[10] ことである。その根拠となるものが、裁判官個人の主観的判断であるとすれば、民主主義の観点からの重大な疑義を生じさせる。Ely にとってこれは承認できる帰結ではない。

開かれた条項とは、「その文言とそれを取り巻く立法史のみに基づいては、意味あるように内容を与えられない」[11] ものであるが、この性質のゆえに、その内容を確定するに際して意見の対立が生じやすい。裁判官がこのような条項を解釈・適用する際、実体的価値に依存するとすれば、その内容が何であるか、具体的事例においてそれは何を求めているのかが明確でないため、その最終的判断は裁判官自身の価値判断であることになってしまうのである。

（2） Ely の批判の意義

Ely の批判は、裁判所が主観的・個人的判断を行うことに対するものとして捉えることができるだろう。研究者が提出する理論も、それを裁判所が受け入れた場合に、結論を客観的に確定できるものではないとすれば、裁判官は個人的・主観的判断を行うことになる。Ely はその点を問題視し、裁判官の主観的判断を許容する理論は裁判理論として受け入れられないと言うのだ。

ここで注意すべきことがある。以上のような批判は、Ely が代替理論として提出しているプロセス理論が妥当であるか否かとは別の問題として成立する、ということである。Ely のプロセス理論が実体的判断を免れていない、という批判は、多くの論者によってなされている[12]。しかし、だからといって、実体的価値に基づく理論が妥当である、との結論が直接に導かれるわけではない[13]。Ely のプロセス理論に対する批判が妥当だとしても、それは Ely が実体的価値に基づかない「客観的な」代替理論の提示に失敗したことを意味する

にとどまる。

　憲法解釈の根拠として用いられる実体的価値が客観的・中立的なものであるかのように語られるとしても、実際にはその価値は主観的・個人的判断に基づくものである。そしてそれは、裁判官の主観的判断によって政治部門の決定を覆すという事態を引き起こすのではないか。このような Ely の問題提起は、プロセス理論の是非とは独立に存在しうる。

第2節　Mark Tushnet のグランドセオリー批判

1. Tushnet のグランドセオリー批判

(1) Ely 批判

　代替理論は可能だろうか。すなわち、裁判官の主観的判断をコントロールできる憲法についての理論を提示することは可能なのだろうか。

　不可能であると言うのが Tushnet である。Tushnet は、Ely が主流学説に対して行っている批判を支持しながらも、それが同じ理由で Ely 自身の理論に当てはまるとし、さらにここから首尾一貫した憲法理論の提示は不可能であるとする[14]。

　Tushnet は、アメリカ憲法に関する理論を、立法府の決定を司法審査によって覆すことを正当化する「正当化原理」と、裁判官は自分の思い通りのことをなんでもできるわけではなく、一定の制約を尊重しなければならないという「抑制原理」を調和させようとする試みであると理解する。そして、Ely は、正当化原理と抑制原理を調和させようとするどのような理論も、多元主義的な社会において客観的価値は社会制度を規律する根拠として利用することができない、という「価値中立的裁定原理 (the principle of value-free adjudication)」を破る、との批判を行ったとする[15]。つまり、Ely の議論は、それまでの正当化原理と抑制原理を巡る議論に、新たに、客観的価値の利用を否定し、価値中立的な判断を求める原理を持ち込んで、その観点から主流学説を批判したものと、理解されているのである。

　ところが、Ely 自身の理論は、Ely が批判の対象としている理論と同じ理由

で上の3つの原理を同時に満たすことができない[16]。

　プロセスへの参加に対する障害の除去が言われる時、そこには形式的なものと機能的なものが考えられる。アメリカの法制度は立法権限のヒエラルキーを含むが、下位にある機関への参加が否定されたとしても、その決定を覆す権限を持つ上位機関へのアクセスが保障されていれば、形式的にはプロセスへの参加は否定されていない。Tushnetは、学校区の選挙資格を限定することを違憲としたKramer v. Union Free School District No. 15[17]を例にとり、原告のKramerは、法律を修正する権限を持つ州の立法府への選挙権を持っていたことから、（形式的に解した）Elyの見解では、これを正当化できないとする。

　Elyの理論が司法審査に重要な役割を与え、正当化原理を満たすためには、実際の政治を考慮に入れなければならない。そして、そこで起こる機能的な障害を同定し除去しようとするならば、判断の前提に、一定のあるべき立法プロセスを想定する必要がある。しかし、あるべき立法プロセスがどのようなものであるかについて、一義的な解答があるわけではなく、その不確定性のゆえに、裁判官の判断を許容することになる[18]。これは抑制原理を破ることになり、また、一定の守られるべき政治参加の価値を前提とするため[19]、価値中立的裁定原理をも破ることになってしまうのである。

　Elyの行った、実体的価値に基づいた憲法理論への批判は、実体的価値の不確定性のゆえに、裁判官の操作すなわち主観的判断を許容してしまうという点に向けられていた。しかし、Tushnetの言うように、Elyの理論も裁判官による操作を許すものであるとすれば、Elyの実体的価値に基づく理論への批判は、そのまま自己の理論に跳ね返る。Tushnetにしてみれば、Elyは批判には成功したが、代替理論の提示には失敗しているのである。

（2）　グランドセオリー批判

　Tushnetは、裁判官の判断を拘束するための一般的な代替理論の提示は行わない。むしろ、そのような理論は不可能であると言う[20]。Tushnetにとっては、裁判官も他の統治部門のメンバーと同じように、自分勝手な（willful）存在であり[21]、このような裁判官の自由裁量を理論によって拘束することは

不可能である。「我々には、裁判官の意思がグランドセオリーの合理主義によってコントロールされ得ると、信じる理由がほとんどない」[22]。Tushnetは批判的法学研究[23]を自称し、上記のような主張の背景には、提出されるべき結論は「現に存在する状況の下で何が有用だと思われるかに関する強度に実践的な判断の結果」であって、「政治制度の運用に関する包括的な規範的または記述的な理論から導かれるものではない」[24]、という彼の基本的主張がある。

Tushnetは、Elyのプロセス理論と同様、原意主義や中立性原理、道徳的価値理論に基づく司法審査論も採用し得ないものとして批判する[25]が、そこに一貫して存在するのは、判断の不確定性（indeterminacy）に対する批判である。例えば、原意主義においては、過去の人びとの信念や意図が確定的で同定可能なものとして想定されているが、実際には不可能である。過去の事柄について示すためには解釈学（hermeneutics）的な手法による必要がある。しかし、その手法によると複数の回答が可能であることになり、どれがより正確であるかを決めることはできなくなる。この不確定性のゆえに、原意主義者は、自分たちが求めるようには、裁判官の判断を拘束することができない、として批判されている[26]。

ここで不可能だとされている裁判官に対する拘束とは、Elyの主流学説批判は支持しながら、その批判にElyの理論が当てはまるという論理の流れから伺えるように、裁判官に個人的・主観的判断をさせない、という意味でのものだと思われる。では、裁判官を拘束する理論が不可能であるとすれば、裁判官はどのように事例に対する判断を行えばよいのだろうか。Tushnetの答えは、実際に存在する状況の下で「明示的に政治的判断を行う」というものである。それを決定した後に、現在好意的に受け止められている理論で意見を書く。Tushnetは、自分が裁判官ならばそのような判断をすると述べる[27]。

Tushnetは、自己のアプローチを、グランドセオリーに対比するかたちでリトルセオリーと呼ぶ。これは当該事例の状況を超えた意味を持つ決定は存在しない、ということを受け入れるものであり、裁判官に、自分たちが他の統治部門のメンバーと異なる何か重要なことを行っている、という勘違いをしないよう求めるものである[28][29]。

それでは、裁判所はどのような方法で憲法解釈を行うべきなのだろうか。Tushnetは、裁判官が好きなように個人的・主観的判断を行えば良い、と考えているのだろうか。

そうではない。彼が提示するのは、「裁判所から憲法を取り上げる」ための理論、すなわち、裁判所に憲法の意味についての最後の言葉を言わせることを拒否し、裁判所の外、つまり人びとの間で行われる憲法解釈を重視する人民中心主義（populism）的な理論である。次にこの理論について概観する。

ここでは、Tushnetが、裁判官の主観的判断を拘束する理論が不可能だとしているのを確認しておきたい。その理由は、どのような理論も判断の不確定性を取り除くことができず、この不確定性が裁判官の主観的判断を許すことになる、というところにある。

2. 裁判所から憲法を取り上げる——人民中心主義者の憲法——

Tushnetは、著書'Taking the Constitution Away from The Coruts'[30]において、「人民中心主義者（populist）の憲法」を提唱し、裁判所から憲法を取り上げることを主張している。憲法の意味について、裁判所に最後の言葉を言わせるべきではない、と。

まず確認して置くべきは、Tushnetは、憲法解釈の主体を裁判所に限定して考えてはいない、ということである。彼は、裁判所の外においても憲法解釈が行われていることを強調する[31]。憲法は裁判所のみに属するのではない。すなわち、裁判所の憲法解釈と憲法の内容が同一である、というわけではない[32]。憲法の解釈は政治部門によっても、また一般市民によっても行われている。

しかし、裁判所以外の解釈主体を想定すると、異なる解釈が競合する可能性がある。そうすると、憲法の意味についての最終的決定権がどこにあるのかが問題となる。この問題は、望ましい制度設計とはいかなるものかという問題に依拠する。そして、現在のアメリカでは、憲法の意味を確定する最終的な決定権は連邦最高裁にあるとの考え方が主流であり、半ば自明視されているが、それは誤りである。つまり、司法の最高性（judicial supremacy）は自明視されるべきものではない。最終的に、Tushnetは、連邦最高裁が憲法の意味の

第4章 「客観性」と解釈方法──「客観」の意味は1つではない── *97*

決定に関して最高の立場にある、という考え方を拒否するのである[33]。

　例えば、議会の権限がどこまで及ぶのかに関する判断を連邦最高裁が行い、その判断を基に議会の定めた法律を最高裁が覆すことがある。そして、この行為を正当化するために、議会は自己本位に自らの権限の範囲を決める、ということが根拠として示される。しかし、これは最高裁についても同様のことが言える。連邦最高裁が、議会による議会の権限と職責の範囲に関する決定を疑いの目で見るのならば、議会と一般市民も同じように、最高裁による最高裁の権限と職責の範囲についての決定を疑いの目で見るべきなである[34]。また、裁判所が憲法の執行を誠実に行うとの想定をする人びとは、議会が誠実に行動するという想定をしようとしない。しかし、裁判所は誠実で議会は誠実ではないという想定には、理由がない[35]。

　また、司法審査の機能の重要性が説かれることがあるが、その機能を過大評価すべきではない。司法審査を受け入れることは、好ましい決定と共に軽蔑に値するような決定をも受け入れることだということに、留意すべきである[36]。

　司法審査によって好ましくない決定が生じるのは、司法審査制の問題ではなく個々の裁判官の問題であり、研究者やジャーナリストによる批判によって裁判官に好ましい行動をとらせることができる、と考える向きもある。確かに、裁判所が何をなすべきかに関する議論はまったく効果がない、というわけではない。しかしながら、アメリカのこれまでの経験に照らせば、そのような議論が裁判官達の行動に実質的な影響力を有すると考える理由はほとんどないのである[37]。

　以上のような議論を行いながら、Tushnet は、司法が憲法に関して最高の立場にあるという考えを批判している。

　Tushnet が提唱する人民中心主義者の憲法とは、「独立宣言及び合衆国憲法前文の諸原理の実現を目指す法である。より具体的には、自己統治に仕え、理性（reason）によって正当化される普遍的な人権の原理にコミットする法である」[38]。Tushnet は、統治機関の組織の仕方について記述する詳細な諸規定（例えば、「大統領は、執行部門のそれぞれの主要な職員に対し、それぞれの職の職務に関するいかなる事項についても、書面で意見を求めることができる」）である thick Constitution と、平等、表現の自由、そして自由の基本的保障

を定めた thin Constitution との区別を行っている（後者について「修正第一条」や「平等保護条項」といった記述の仕方をしないのは、連邦最高裁がこれらの規定について述べたことが thin Constitution を構成しているという誤解を避けるためである）。そして、この内 thin Constitution が独立宣言及び憲法前文の原理を示したものであるとされている[39]。

人民中心主義者の憲法は、「憲法を法律家や裁判官達の手の中にあるものとしてではなく、人民自身の手の中にあるものとして扱う」[40]。そして、人々は自分たち自身で憲法の理念を実現していくのである。確かに、thin Constitution を中核とする人民中心主義者の憲法は具体的内容に乏しく具体的な政策に関する指示を行わない。そして、人々が誤りを犯す可能性はある。人民中心主義者の憲法は、政策が成功裡に終わることについて何の保証もしない。しかしながら、誤りを犯す、あるいは政策を失敗させる可能性をもつという点では、エリート主義的な憲法もまた同じなのである[41]。

人民中心主義者の憲法は、人々が、より直接的にそしてよりオープンに、憲法の形成に参加すべきだと考えるものである[42]。その議論は、政治の場で行われ、したがって、政治的リーダーが重要な役割を果たすことになる。政治的リーダー達は、単に異なる集団間の利益について論争するのではなく、独立宣言に示された諸原理—すべての人々は平等な存在であり、奪うことのできない権利を有している—に関わる人々の議論を助長・促進しなければならない[43]。

これは、人民中心主義者の憲法の理念は裁判所から憲法判断の最終的権限を奪うだけでは実現せず、政治部門が適切な憲法議論を行う場でなければならないことを意味する。このため、Tushnet は、連邦議会を中心に、裁判所以外の場所での憲法解釈の方法について検討を行ったり、政治家達に適切な行動をとらせたりするにはどうすれば良いか、といった問題を扱っている[44]。

人民中心主義者の憲法は、裁判所から憲法に関わる決定権を取り上げようとするが、この理由の一つに裁判官に対する不信がある。ただ、裁判所から憲法に関わる決定権を取り上げるべき理由はこれだけではない。ここには、憲法は人民の手にあり、人民自らの力で統治を行い、憲法の理念を実現すべきである、という積極的な理由が存在する。そして、裁判所からどれだけ憲法に関す

る決定権を取り上げられるのかは、政治の場がどれだけ適切に人民の平等や自由の保障という役割を果たせるかにかかっている。つまり、政治が憲法の理念を適切に実現できることが、裁判所から決定権を取り上げるための条件となっているのである。

第3節　Ronald Dworkin が想定する「客観性」

1. Ely と Tushnet が想定する「客観性」

　裁判官の判断を理論によって正しい方向へ導くことは不可能なのだろうか。Tushnet の言うように[45]、そのようなグランドセオリーの試みは無益なものなのだろうか。

　Tushnet が理論によって裁判官を正しい方向へ導こうとする試みについて否定的な評価を下す理由は、第1に、アメリカの歴史上、理論が裁判官の説得に成功したことがないこと、第2に、たとえすべての裁判官が1つの憲法解釈方法に合意したとしても、そしてそれがどのような方法論であっても、裁判官には広い範囲の選択肢が残されていること、が挙げられている[46]。

　第1の理由は、経験的な理由であり、これまでにいかなる理論が展開されてきたのか、そしてどの理論がどの程度裁判官に影響を与えてきたのか、という問題が議論の対象となるだろう。ただ、本書ではこの問題は扱わない。本書が注目するのは、第2の、理論的な理由である。先に見たように、Tushnet のグランドセオリー批判は、どのような理論も客観的な結論を保証することができず、結局は主観的、恣意的な判断を許容する、ということが論拠として提示されていた。

　以下で問題としたいのは、解釈の客観性が語られる時、そこで前提とされている「客観性」とは一体どのような性質を持つものなのか、ということである。

　Ely は、客観的で価値中立的であろうとする理論的な試みは、発見されるのを待っている「そこにある (out there)」何かを参照することである、という理解を前提としている[47]。Ely の主流学説批判を支持し、そこから同じように

Ely理論の不確定性を批判するTushnetも、同じような理解を前提としているものと思われる。

ここで想定されている「客観性」とは、人間の主観的判断から独立した客観的事実の発見を何らかの論証によって確定する類のものだと考えられる。この意味での「客観性」を達成した理論や解釈は、個人的な基本的態度を異にする者同士でも同じように受け入れ合意せざるを得ない。逆に、ある程度合理的な異論・反論が可能な理論は、個人的・主観的なものでしかなくなる。

このような想定は、主観と客観の二項対立的な理解を前提としている。そして、上記の意味での「客観性」を達成できないという批判は、程度の差はあるとしても、その理論の持つ一定程度の不確定性を指摘すれば成功することになる。不確定な部分は、個人的・主観的な判断によって補わざるを得ないからである。

このような「客観性」を想定し、それを達成していないとして批判を行うことは、主観的・個人的判断が混入しているにも拘わらず、それが当人と個人的態度を異にする人々であっても受け入れるべきものとして提示された理論に対して、非常に効果的な議論となる。個人の主観的判断から完全に独立しているという意味での客観性をクリアした理論や解釈論は、裁判官も当然受け入れざるを得ない。そのような客観性を持っているものとして解釈論（やそれを支える理論）が提示されることは少なくないが、その主観性が暴露されれば、裁判官を拘束する力を失うことになる。

しかし、そもそも「客観的＝厳格な拘束」、「主観的＝拘束力なし（個人的なものに過ぎない）」という二項対立図式は、絶対的なものなのだろうか。この点に関するDworkinの議論を見てみよう。

2. 外的懐疑論批判

「客観的でない」という批判がなされるとき、もしそこで想定されている「客観性」が、当の議論が想定している（あるいは目指している）「客観性」とは異なるものであれば、その批判は議論にとっては意味がないものとなる。外的懐疑論とは、単純化して言えば、議論に内在的なものではなく、外在的な、その意味で実践に無関係だとされるものである。Dworkinが定式化し批判の対

象としている「証明可能性テーゼ」は、法的議論に関係のない基準を論じるものであり、これに依拠した議論は法的議論にとっては無意味なものである、として批判されている。以下、Dworkin の「証明可能性テーゼ」批判を中心に見てみよう。

ある問題について「客観的」に正しいあるいは間違っている、という主張を行った場合、「それは証明不可能であって、すべての人々が納得する性質のものではない」という批判が起こり得る。ここから、ある解答が個人的・主観的な反応に過ぎない、という結論、さらには法的問題について正しいとか間違っていると言うことはできない、という結論が引き出される。

道徳に関する議論についても同じ事は起こる。しかし、例えば中絶に関する道徳的な問題の場合、「中絶は客観的に間違っている」という言明は、中絶に対する単なる主観的反応として「中絶は間違っている」という言明とも、「中絶は普遍的に間違っている」という言明とも異なるものである[48]。「普遍的に間違っているとは言えない。だから単なる個人的・主観的反応である」という立論は、その前提からして誤っている。その前提とは、すべての（あるいはほとんどの）主観的立場、態度を排除したものを正しい解答とする想定だが、Dworkin の批判はこの想定に向けられている。

「証明可能性（demonstrability）テーゼ」は、「命題の真理性に関するすべての動かしが難い事実（hard fact）が知られるか規定された後で、ある命題を真であると証明することができなかった場合、それは真ではあり得ない」[49]とするものである。これは、法的問題の正しさを構成する分子のようなものが我々の世界には存在し、それらを認識することによって正しさが証明されると想定する[50]。このテーゼに従えば、法解釈上の問題について法律化が見解を異にし、同意に達し得ない場合は、一方の命題が真とされることはない。ある問題の解答に対してすべての人々が納得するわけではないという事実は、その解答の正しさが証明されていないことを意味するからである。

このテーゼは、正しい解答の存在を否定する立場に決定的な論拠を提供する。しかし、これに対して Dworkin は、そもそも「なぜ我々は証明可能性テーゼを受け入れなければならないのか」[51]と問う。

「もちろん形而上学における厳格な経験主義を支持する人ならば、それを受

け入れるだろう。もし我々がどのような命題もそれを真とする事実によらなければ真となり得ず、世界には動かし難い事実以外の事実は存在しないと信じるならば、証明可能性テーゼは形而上学から導かれる」[52]。世界には確固とした動かし難い事実しか存在せず、それによる証明ができなければ法命題は真にならないというのであれば、議論の余地のある問題において特定の法命題が真となることはまずないだろう。

しかし、「法のどのような問題にも正しい解答があるかの問題は、どのような法的企て（enterprise）がなされているのかに、決定的に依存する」[53]。「世界には、それによって法命題が真となるような動かし難い事実以外の何かがあると仮定するならば」、そしてその仮定が正しいとすれば、それによって証明可能性テーゼは誤りとなる[54]。法的議論において自己の見解が正しいと主張する際には、様々な理由付けがなされる。この試みが世界にある動かし難い事実による証明、例えば物理的証明のようなかたちをとるものではないとすれば、証明可能性テーゼは、法的議論に関して、何の意味も持たない。

Dworkinにとって「正しい解答」とは、すべての人々が合意せざるを得ない証明が行われたものではない。ある問題に関する解答に関してそれを正しいとみなす根拠が存在するということと、それが証明可能であるということは、別の問題である[55]。単なる主観的感情の表明として「間違っている」と言うのではなく、「『客観的に』間違っている」と言う場合の客観性の主張は、その意見の内容を強調したり明快にしたり拡張したりするためのものである[56]。実在において「そこにある（out there）」[57]ものとしての事実の報告ではない。人間の主観を離れた客観的事実の報告として間違っているとの批判は、批判の対象となる主張がそのような性質を持つものでないとすれば、意味のないものである[58]。

外的懐疑論が「外的」である所以は、それが議論に内在的なものではなく、外在的な、その意味で実践に無関係なものだからである。それでは、Dworkinの考える法的議論に内在的な正しさの基準とは何であろうか。

3. Dworkinが想定する「客観性」

　まず、Dworkinが前提とする解釈学的な意味での「解釈」について、見ておこう[59]。解釈学的意味での「解釈」とは、解釈対象と解釈者の「前理解」あるいは「先行了解」との循環を認めるものであり、その存在なしでは解釈は不可能だとするものである（主観の混入は不可避である）。これは、自然科学も例外ではない[60]。ただ、法的議論においては採用される価値や成功の基準が異なることから、解釈が異なった形態をとることになる[61]。

　Dworkinは、社会的実践の解釈を芸術解釈に近いものとして把握し、ここで行われる解釈が「構成的（constructive）」なものであるとする[62]。「大雑把に言えば、構成的解釈とは、ある対象や実践に目的を課し、かくして、これらが属すると想定される実践形態や芸術ジャンルの最善の一例としてこれらを提示することである」。これは、解釈者が解釈対象を好きなように解釈できる、ということではない。なぜなら、「実践とか対象の歴史過程や形態といったものが、これらのものに関して有効とされる解釈の在り方を限定するからである」[63]。解釈者は、対象に完全に拘束されているわけではないが、自己の価値判断による創造の自由を全面的に認められているわけでもない。

　Dworkinによれば、法的実践に関わる「解釈」には、確立した法命題に適合するかに関する適合性の側面と、実質的な政治道徳から見て法実践を可能な限り正当化するのはどの解釈であるかに関する政治道徳の側面、という2つの側面が存在する。第2の側面は、第1のテストを通過した、すなわち適合性の要件を満たす解釈が複数ある場合の判断である[64]。この2段階の判断は、適合性の要求が実質的正当性を支える政治信念を原理体系内において拘束している、という構造を持つ。法実践の解釈は、具体的事例の判断から「法とは何か」という一般的・抽象的レベルの議論まですべてを包摂する。具体的判断において、適合性の要件を満たす複数の解答が存在する時には、常に法実践の持つ価値や意味にさかのぼって解釈を行う必要があるからである。このような判断構造は、文学評論などの芸術解釈や法実践における「解釈」活動が元々持っている性質からくる。

　以上のような解釈実践は、参加者がある種類の能力を持っていることを前

提としている。法的議論は、参加者の能力に基づいて、整合性（首尾一貫性）（consistency）の存在を想定して行われる企てである。「ある特定の命題について、非常に説得力のある議論が示された場合、その命題に同意しない参加者については、その企てについての能力がないものというべきである。そうでない場合には、このように言わずに、どちら側にも言うべき事が多くあるので、能力のある参加者が一致しないのは、合理的なことであると言うべきである」[65]。

参加者には、優れた解釈かどうか、すなわち他の既に確立された命題と整合した命題であるか否かを、判断する能力がある。これは、企てが問うよう要求している特定の問題に対する、彼等の訓練され熟考に基づいた反応である[66]。「参加者達は、物語の整合性を、鉄の重さのような種類のものとは考えないし、鉄の重さのような外的世界の一部であるとは考えない」。したがって、物語の整合性に関する事実が、鉄の重さについてと同じような確認の仕方ができるものと考えることは誤りである、と述べても当の企てにとっては何の意味も持たない。議論の参加者達は、別の基準（例えば証明可能性）を前提にして物語の整合性という事実が存在しないとする批判を受け入れる必要はない。むしろ、参加している議論のゲームが成功しているという事実こそ、議論の対象となっている物語の整合性が存在する理由である、と積極的に言うことができる[67]。

Dworkinが提示している例ではないが、例えば、様々な文学賞の選考については、審査員同士でも意見が分かれるし、賞の選考は審査員の批評能力が批評される場だ、と言われるように、審査員以外の人による批評も行われる。しかし、意見が分かれる、という事実を盾にして、「それは証明不可能である。したがって、作品の善し悪しというものは存在しない」などという批判が受け入れられるだろうか。賞がどのような意図を持ったものであり、ある作品がなぜそれにふさわしいのか、といった議論は自然科学のような活動ではないし、証明不可能であるといった批判を行っても、それはまったく意味がないのである。

Dworkinの批判を端的に言い表すなら、法的議論とは関係のない基準で「正しさ」が存在しないと論じても意味がない、ということである。彼の視線

は、法律家の実践がいかなるものか、に向けられている。例えば、法的問題に正しい解答が存在しない、という立場に対する彼の批判に共通してあるのは、相手の想定が法律家の実践に適合するかしないか、という視点である[68]。法的概念の曖昧さが指摘されたとしても、それ自体はただの事実の報告であり、大した意味はない。問題は、その曖昧な語が実践の中に存在する規則によってどのように使われ効力を持つものとして扱われているのかだ、とされる[69]。

「客観的である」とは、少なくとも単なる個人的・主観的見解として退けることのできない性質を持っている、ということである。客観性、主観性は、二者択一的な問題ではなく、程度や性質の問題であり[70]、どの程度の、そしてどういった性質の客観性が要求されるかは、それぞれの実践の領域において採用されている価値や成功の基準によって異なる。法的議論には、そこに内在的な客観性の基準（Dworkin にとっては解釈実践に想定されている首尾一貫性）が存在するのであって、それとは別の客観性の基準でもって法的議論の正しさについて語っても、意味がない。そのような議論が成功するためには、自己の想定する客観性の基準が、法的議論と無関係なものではなく、むしろ法理論の達成すべき客観性であることを論証する必要がある。初めから前提とすることはできないのである。

4. 内的懐疑論

ただ、注意しておかなければならないのは、懐疑論についての外的／内的の区別及びそれに基づく議論は Dworkin 自身の枠組みである、ということである。Ely、Tushnet の論理構成が外的懐疑論的な要素を含むことは確かだが、外的懐疑論そのものではない。事実、Dworkin は、批判的法学研究を内的懐疑論として扱っている[71]。つまり、少なくとも Tushnet の議論は、外的懐疑論的な要素と同時に内的懐疑論の要素も併せ持つと思われる。

解釈に関する内的懐疑論とは、「一般的な解釈的態度の妥当性は認め、これに依拠したうえで、ある特定の解釈対象についての可能なあらゆる解釈を疑問視」[72]するものである。これは、外的懐疑論のように解釈に関わる議論の外で「正しい解答はない」と論じるものではない。解釈に関わる議論に参加したうえ

えで、つまり議論内在的な何らかの基準に従った上で、あらゆる解釈を否定する。言い換えれば、「正しい解答」の存在は認めるが、それはすべてを整合的に説明できる合理的な解釈など存在しないという解答である。

ただし、内的懐疑論的な立場は、それ以外に選択不可能なあるいは変更不可能な立場ではない。議論に参加する以上、内在的な論理あるいは理論によって自己の立場を正当化する必要がある。そして、場合によっては、他の立場に敗れ、変更を迫られる可能性を有しているのである。

懐疑論についてのこれ以上突っ込んだ検討は、本書では行わない。ここでは以下のことを確認しておこう。すなわち、外的懐疑論は、「証明不可能である」といったかたちで法的議論とは無関係な基準を論じるがゆえに法的議論とは無関係の立場である。内的懐疑論は議論に参加しているが、ありうる立場の一つであって、他の立場と同様に議論に勝利する可能性も敗北する可能性もある。

第4節　客観性と相対主義

1. 客観性

「客観的であると言えるかどうか」が憲法解釈あるいはそれを正当化する方法論等の理論の評価基準として用いられる場合、憲法解釈が目指すべき「客観性」とは何かというかたちで、「客観性」概念自体が議論の対象となりうる。

Ely、Tushnet、が想定する「客観性」は、一切の（あるいはほとんどの）主観的判断を排除する意味のものであると思われる。少なくとも、裁判官の判断の不確定性を導く理論は、「客観的な」ものではない。この意味での「客観性」は、すべての（あるいはほとんどの）人々が納得するであろうものであり、達成できれば、基本的態度や意見を異にする者同士でも受け入れ合意せざるを得ない性質のものであろう。様々な意見の生じる可能性があるという事実を根拠にして「客観的でない」と批判することは、提示された解釈が異論の余地のないものとして確定することが可能なもの、という意味での「客観性」を想定しているはずである。そのような意味での客観的な判断を実現する司法審査論でない限り裁判官の主観的な判断を許容する、という議論の方向を、Ely、

Tushnet は採っている。

　Ely のプロセス理論は、この意味での客観性を達成しようとする理論的試みであると、理解できるだろう。つまり、プロセス理論は上記のような意味での「客観的な」理論によって裁判官の判断を拘束しようとする試みである。そして、もちろん、その試みが成功しているか否かは、別の問題として残る。

　Tushnet は、以上のような意味での「客観的な」理論が不可能であるとし、ここから、基本的な一般理論によって裁判官の判断を導くことは不可能であるとする。ここから、もし本人が裁判官であるならば、当該事例を取り巻く状況のみを考慮に入れた明示的判断を行うだろう、と言う。ただ、だからと言って、裁判官が政治的判断をすべきである、という結論が導かれるわけではなく、そもそも裁判官には憲法判断をさせるべきではない、という方向へ議論は進んでいる。

　Dworkin の「客観性」は、Ely や Tushnet が想定するような性質のものではない。それとは異なり、法的議論に内在するとされるものである。これは、実際に実務家を拘束している基準を明らかにする、という方向性をもつ。もちろん、現実の法実務との食い違いを指摘し批判することは可能だろうが、あくまでそれは法的議論に内在的なものでなければならないし、一定の客観性の基準を初めから妥当なものとして前提とすることはできない。Dworkin のものとは異なる「客観性」を想定するにしても、それ自体が法実践の現実や目指すべき理想がいかなるものかに関する法的議論であることになる。Dworkin が提示する判断方法は、法律家の判断の隠れた構造に光を当てるとされている[73]が、これは法実務に内在的な基準を探った上で、それを洗練し模範として提示しているものと見ることができるように思われる。

　三者の想定する「客観性」について、単純化して言うならば、Ely、Tushnet は、主観的判断を一切（あるいはほとんど）排除する意味での「客観的な」理論を想定し、Ely はその意味での客観的な理論を目指しているが、Tushnet は、そのような理論は不可能であるとし、裁判官による憲法解釈及びそれに基づく違憲審査そのものを否定する。これに対して、Dworkin の想定する「客観性」は、Ely、Tushnet の想定するものとは異なる。Dworkin は、法解釈に主観が含まれることを前提にしても、その客観化は可能だという立場

をとる。そして、客観化は適合性等の実現を目指して行われる論理の積み重ねによって図られるのである。

2. 相対主義

憲法解釈の「客観性」との関係で問題となるのは、憲法解釈の優劣などないとする相対主義的あるいは懐疑主義的な立場の存在である。憲法解釈あるいはそれに関わる理論が提示される場合、「私はこう考える」という個人的意見の表明だけではなく、多かれ少なかれ「あなた方もこう考えるべきだ」という主張が、暗黙の内であれ、伴うことが多いと思われる。このような主張の前提には、他に比べてより優れたあるいは説得力のある解釈や理論が存在するとの考えがあるはずである。そして、相対主義的な立場はこの前提を拒否する。

Tushnet は、少なくとも裁判所による憲法解釈を前提とした理論については相対主義的な立場に立つ。これに対して、Dworkin は、法解釈に関わる相対主義、懐疑主義を拒否し、相対主義自体の正当化が議論を離れて可能なわけではない、との立場を採っている（次章で見る Sunstein も同じ立場に立つ[74]）。

この問題は、最終的には、各人の信念ないし確信の問題であり、どちらの立場からも独立に優劣を決める基準が存在するわけではないのかもしれない[75]。ただ、少なくとも言えるのは、相対主義もありうる立場の一つなのであり、また、相対主義自体の正当化が議論を離れて可能なわけではないことから、相対主義的な立場が他の立場に対して正当性を示そうとするならば、他の立場との議論に参加する必要がある、ということである。

【第4章要約】
- Ely は、市民に選ばれた代表者の決定を、選挙で選ばれたわけではない裁判官が覆す際、自己の主観的判断を根拠とすることは、民主的正統性の観点から許されないと考える。そして、憲法解釈を何らかの実体的価値に依拠させると、裁判官の主観的判断を許容することになると主張する。主流学説が憲法解釈の根拠として持ち出す道徳哲学や自然法などの様々な価値は、いずれも具体的で一義的な内容を示すものではないからである。つまり、実体的価値に依拠する手法は客観的な憲法解釈を導くものではなく、方法論として妥当ではない。

  Ely は、裁判所の役割をプロセスに生じた機能障害の除去に限定し、憲法解釈もこの視点から行うべきだとする。これなら、裁判官が自己の価値判断に依拠し

て政治部門の決定を覆すことにはならないと考えるのである。

- Tushnet は、Ely の主流学説批判を支持するが、プロセス理論は支持しない。そして、裁判官の判断を拘束しようとする理論的な試み自体不可能だと言う。憲法解釈の一般的な方法論を示そうとする様々な理論は、いずれも判断の不確定性を排除できない。プロセスの維持に関わる判断に限定する方法も、それは同じである。不確定な部分は解釈者の主観的判断によって補われるため、結局、どの理論も裁判官の主観的判断を排除することはできないことになる。

  そして、Tushnet は、裁判所に憲法判断をさせるべきではないという方向に議論を進めた。憲法の意味について議論し判断するのは人民自身であるべきだ、と。

- Ely は、憲法解釈の客観性を満たせないという観点から主流学説を批判し、プロセス理論を提示するが、Tushnet は、客観性を満たせないのは Ely のプロセス理論も同じだと述べる。ここに共通するのは、主観的判断が混じる、あるいは人によって判断が異なりうるという状況を「客観的でない」とする点である。主観的か客観的かは二者択一的な問題であり、主観的判断が混じれば、その程度の大小にかかわらず、もはや客観的とは言えない。

- ただ、このような「客観性」理解も、当たり前の前提となるものではない。あくまで、あり得る理解の仕方の一つであって、客観性を程度や質の問題として捉えることが当然に否定されるわけではない。

  Dworkin は、「証明できない」ことを根拠として法解釈の客観性を否定することは、誤りだと述べる。議論の参加者達がやろうとしていないことを「不可能である」と指摘することに、意味はない。法解釈が客観的であり得るかどうかは、どのような「客観性」概念を前提とするかに左右される。

- 問題は、主観的判断を含むかどうかではなく、主観的判断を含みながら、いかに客観性を獲得するかである。Dworkin は、解釈学の知見を基礎として、法解釈における一定程度の主観的判断の混入を前提としながら、法的判断を拘束する要素を指摘している。彼によれば、法解釈は、確立した法命題への適合性と政治道徳的な正当性の2つの側面から拘束される。ここでは、「客観性」が、論理を積み重ねることで得られるものとして想定されている。

- 「客観性」理解は1つではない。そして、憲法解釈の「客観性」をいかに捉えるかは、憲法解釈の方法に関わる問題と密接に結びついているのである。

注

1) Ely1980. また、Ely1996 も参照。
2) 松井1991、松井1994、松井1998。この他の邦語の紹介として、野坂1983、阪口2001、132頁以下。
3) 代表的なものとして、長谷部恭男との論争がある。松井1994、松井1998、長谷部1995、長谷部1998。
4) Ely1980, 87.（邦訳142頁）。
5) Ely1980, 103.（邦訳161-162頁）。
6) 例えば、Ely1996, 281-297.（Roe v. Wade についての批判的コメント）。
7) Ely1980, chap. 3.（邦訳69頁以下）。注意が必要なのは、Ely は、実体的価値に依拠する理論を「非解釈主義」としていることである。非解釈主義は、憲法典に含まれていない規範をも執行すべきであると主張するものとされている（Id. at 1（邦訳1頁）。しかし、例えば、イリィが引用し批判の対象としている Dworkin の論稿（Dworkin1977, chap.5）は、憲法「解釈」の方法論に関するものであって、憲法典を解釈することによっては確定できない何らかの価値を道徳哲学によって確定する、といった方法を提示する試みではない。実際にはすべての憲法的決定には解釈が必要であることから、方法に関わる論争は、憲法典を解釈するかしないか、ではなく、憲法典をいかに解釈すべきか、という解釈内部の争いだと理解すべきだろう（Brest1980, 204n1, Dworkin1986, 360.（邦訳554頁））。
8) Ely が検討・批判の対象としているのは、自然法、中立性原理、理性（reason）、伝統、コンセンサス、進歩の予言、である。
9) Ely1980, 44.（邦訳70頁）。
10) Ely1980, 4-5.（邦訳5頁）。
11) Ely1980, 12.（邦訳16頁）。
12) 例えば、Tribe1980, Tushnet1980a, Estreicher1981, Cox1981, Brest1981, Dworkin1985, chap.2, Ortiz1991.
13) Tushnet1991b, 636.
14) Tushnet1980a, 1037-38. 以下も参照。Tushnet1988, chap.1-4.
15) Tushnet1980a, 1037-38. Tushnet は、イリィの言うところの解釈主義も含めて検討している。ただ、Tushnet は、解釈主義／非解釈主義の定式を用いていない。以下も参照。Tushnet1988, chap.1-4.
16) Tushnet1980a, 1045-57.
17) 395 U. S. 621（1969）.
18) Ely も、形式的な参加の問題のみを扱えば済むとは考えておらず、Tushnet の言う機能的な障害も問題にしている。Ely は、裁判官は実体の問題ではなく参加の問題にのみ関与すべきであるとしているが、これが純粋に形式的なものであれば、すべての人が平等に政治プロセス

にアクセスすることができることで、その要請は満たされることになる。具体的には、政治的主張を行うことと投票の機会が平等であれば、平等に政治参加が保障されていることになる。しかし、この場合、単なる敵意や偏見によって永続的に少数者であらざるを得ない人を救うことはできない。例えば、黒人と白人が同じ発言権と投票権を持っていたとしても、黒人に対する偏見を持った白人が多数者であれば、いつまでも共通の利益を拒否され続けることになる。これが、「切り離され孤立した少数者」の問題である。

　Elyは、このような場合も民主的プロセスが信頼に値しない場合として、司法審査の行使を認めている（詳しくは、Ely1980, chap.6）。そして、Elyの理論が実体的（あるいは主観的）価値判断を免れていない、という批判は、主にこの判断領域での不確定性についてなされている。

19)　Elyも、彼が批判の対象としている価値の執行とは同一視されるべきではないとしながら、彼の理論が参加価値を前提としていることは認めている。Ely1980.（邦訳127-128頁）。

20)　Tushnet1980a, 1057, 1060-62. 以下も参照。Tushnet1981, 416.

21)　Tushnet1981, 415. 以下も参照。Tushnet1980b, 1384.

22)　Tushnet1981, 424. 注意が必要なのは、Tushnetは、グランドセオリーによる真理の発見が不可能である、と言っているわけではないことである。ただ、何らかの規範的なグランドセオリーが正しいという想定を受け入れるとしても、現実の制度を規律するものとしては、不可能だと言う（Tushnet1981, 415-16）。この背景には、現在の法制度及びそれを裏付ける理論が根本から内的に矛盾しており、現実との隔たりを埋めることができない（包括的な規範理論によっては現実の裁判官を律することができない）、という彼の基本姿勢が存在する。以下を参照。Tushnet1984a, Tushnet1984c, Tushnet1991a, Tushnet1992. また、以下も参照。Unger1986, Altman1986.

23)　批判的法学運動に関する邦語文献として、松井 1986、松井 1991、517-525 頁、中山 2000、第4章、内田 1990、181 頁以下。

24)　Tushnet1984c, 241.

25)　Tushnet1988, chap.1-4.

26)　Tushnet1988, 23-45.

27)　Tushnet1981, 424-425. これは、発見の論理と正当化の論理との区別を言うのではない。政治的分析は、結論とその基礎を同時に導くものであるとの理由で、Tushnetは、この区別を拒否している。

28)　Tushnet1981, 425-426.

29)　Tushnetは、現実に起こる出来事と合理的な法理論との間の隔たりがあまりに大きく、持続性の強いものであることから、立法と裁判との区別は擁護することができない、とする。「立法によって達成可能なものは、すべて司法的決定によって達成可能であった。立法者による選択は、裁判官による選択と同じものであった」。Tushnet1984a, 626.

30) Tushnet1999a. Tushnet2000, Tushnet2001b も参照。Tushnet1999a のレヴュー論文として、Prakash1999, Fleming2000, Chemerinsky2000, Larsen2000, Griffin2000, Michelman2000, Hirschl2000, Mandel2000, Whittington2000, Graber2000, Devins2000, Tiefer2000, 2001, Kinkopf2000.
31) Tushnet, 1999a, x. Whittington 1999 も参照。
32) Dehvir 2001, 14.
33) Tushnet1999a, chap. 1, 6, 7.
34) Tushnet1999a, 26.
35) Tushnet1999a, 199n58, n61. また、Tushnet は、連邦最高裁の積極的な司法審査権の行使が議会の憲法上の職責への無関心を助長したり、議会における憲法に関わる議論を歪めたりする、としている（Tushnet1999a, 57-65）。Tushnet, 2001a, Tushnet2001c.
36) Tushnet1999a, 141.
37) Tushnet1999a, 155.
38) Tushnet1999a, 181.
39) Tushnet1999a, 9-14.
40) Tushnet1999a, 182.
41) Tushnet1999a, 185-186.
42) Tushnet1999a, 194.
43) Tushnet1999a, 14.
44) Tushnet1999a, chap. 2, 3, 4, 5.
45) Tushnet1981, 415.
46) Tushnet1999a, 155-157.
47) Ely1980, 48, 63.（邦訳75-76頁）。
48) Dworkin1996b, 98-99.
49) Dworkin1985, 137.
50) Dworkin1996b, 104 を参照。
51) Dworkin1985, 137.
52) Dworkin1985, 137-138.
53) Dworkin1985, 136.
54) Dworkin1985, 138.
55) Dworkin1986, viii－ix．（邦訳3頁）。
56) Dworkin1996b, 108.
57) Dworkin1996b, 87.
58) Dworkin1991 も参照。
59) Dworkin1985, Part2, Dworkin1986, chap.2.

60) 藤井 1998。筆者が参照したものとして、野家 1993、野家 1998、ファイヤアーベント 1981、Kuhn1996、クーン 1998、丸山高司 1997。
61) Dworkin1986, 53.（邦訳 91 頁）。
62) Dworkin1986, 49-53.（邦訳 86-91 頁）。
63) Dworkin1986, 52.（邦訳 89 頁）。
64) Dworkin1986, 239.（邦訳 872 頁）。Dworkin1985, 143.
65) Dworkin1985, 139.
66) 対象に対する反応の仕方が、参加者の訓練に依存することは不自然なことではない。事実に対する反応が目的に必要な能力を身につけるための訓練によるものだ、という理解は科学哲学の領域においても見られる。

Kuhn は、科学者は同じ教育を受けることによってデータに対する同一の反応を示すようになるのだと言う。「学習過程の後には、同一の刺激が以前とは異なるデータを喚起するようになる。結論として言えば、データは我々の個人的経験の最小要素ではあるけれども、それがある与えられた一つの刺激に対する共通の反応とならざるを得ないのは、教育上、科学上、あるいは言語上、比較的同質な集団の成員の間においてだけなのである」。クーン 1998、399-400 頁。
67) Dworkin1985, 140.
68) Dworkin1985, 125-126.
69) Dworkin1985, 128-131.
70) これは自然科学の領域でも論じられている。Kuhn は、それまで「主観的要素や個人的基準については通常は科学哲学の中で描かれてこなかった」のに対して、科学研究に従事している者が「競合理論のどれを個人が選択するかはすべて客観的要素と主観的要素の混合物、あるいは、共有基準と個人的基準の混合物に基づいている」としている。クーン 1998、423 頁。
71) Dworkin1986, 271-275.（邦訳 418-424 頁）。
72) Dworkin1986, 78-79.（邦訳 127 頁）。
73) Dworkin1986, 264-266.（邦訳 409-411 頁）
74) Sunstein1996a, 92-93.
75) Dworkin1996b, 118.

第5章　理論的にどこまで正当化するのか
——深い深い理論と合理的に浅い理論——

【導入】
　Dworkin は、法解釈に主観的判断が含まれることを前提にしても、客観化は図れるとする。その基本的な手法は論理の積み重ねである。それでは、法解釈の正当化のためにどこまで論理を積み重ねる必要があるのか。以下、Dworkin の解釈理論とこれに批判的な Sunstein の主張を中心に見ることにする。

第1節　深い深い理論——Dworkin が要求する正当化理論——

1．実体的判断の必要性

（1）　Dworkin による原意主義批判、Ely 批判[1]
　Ely がしたように、憲法解釈に実体的価値判断が混入することが問題視されることがある。これは、裁判官の憲法判断がその人の政治的信念を反映するものとなることが、政治部門の判断との関係で問題となるからである。なぜ選挙によって選出された立法者の判断が、選挙されていない裁判官によって覆されなければならないのか。このいわゆる民主主義と司法審査との矛盾の問題[2]は、立法者の判断が裁判官の政治的判断によって覆されたと評価される時、最も深刻なものとなる。
　原意主義や Ely のプロセス理論は、起草者の意図や政治プロセスという純粋に形式的な事実に憲法判断を依拠させることで、実体的判断を不要とし、これによって裁判所による司法審査と民主主義との間に生じるディレンマを解消しようとするものである。そう Dworkin は捉えている[3]。
　彼はしかし、この試みは両方とも失敗に終わると言う。裁判官は、実体的

第5章 理論的にどこまで正当化するのか——深い深い理論と合理的に浅い理論——

な政治的判断を行うことなしに、事案の判断に関係する起草者の意図や真に民主的な政治プロセスとはどのようなものかについて、決定することはできない。両者は既に行っている一定の実体的な判断を隠蔽している。裁判官は、憲法解釈に際して、実体的な政治判断から逃れることはできないのである。

Dworkin の批判の概略は以下のようなものである。

まず原意主義について[4]。現在の具体的事案に関する「起草者の意図」がいかなるものかについては、投票者のそれぞれ異なった個別の意図をどのように組み合わせるのか、誰の、どのような、そしてどの時点での心理状態を「起草者の意図」とするのかなどの複雑多岐にわたる問題に答える必要がある。しかし、このような問題への解答として異論の余地のない歴史的事実が存在するわけではなく、最終的には起草者の意図を探求する人の選択を必要とする。この選択は広い意味で政治的なものであり、実体的な判断を必要とすることになる。

仮に、異論の余地のない純粋に歴史的な事実として起草者の意図を確定できたとしても、実体的判断が不要となるわけではない。まだ、なぜ現在の人々が起草者（昔の人々＝死者）の意図に従わなければならないのか、という問題が残っており、これに答える必要があるからである（これは原意主義の根本に関わる問題である[5]）。起草者の意図に従うことを当然の前提とすることはできず、正当化を必要とする。そして、この議論は実体的な政治判断に関わらざるをえないのである。

次に、Ely のプロセス理論について。もし、「民主主義」という観念が一義的なもので、どのような手続きが民主的なのかについて異論の余地がなかったり、アメリカのすべての人々が合意している単一の民主主義の観念が存在したりするのであれば、Ely の議論は説得的だろう。しかし、実際にはそうではなく、異論は存在し、様々な「民主主義」の観念が対立しあっている。そして、様々な民主主義の観念の内、ある観念が他の観念より妥当であることを示すためには、政治道徳上の議論に踏み込まなければならない。プロセス理論に従ったとしても、裁判官は政治道徳に関する決定から逃れられないのである[6]。

(2) 実体的判断の必要性

Dworkinは、原意主義もElyの理論も自滅的な議論であると言う。実体的判断を避けようとする試みは、最終的には必ず実体的判断に帰着する、と[7]。その上で彼は、裁判所は政策的考慮ではなく原理に基づく決定を行う場（原理のフォーラム）であり、政治道徳の問題が議論される場である、と述べる[8]。ここには、実体的判断を避けることはできないしむしろ積極的に行われるべきだという姿勢がある。

注意が必要なのは、原意主義やElyに対するDworkinの批判の中心は、実体的判断抜きで憲法判断を行おうとする点であって、彼は起草者の意図や民主主義を無視するわけではない、ということである[9]。「起草者の意図に従っていない」という批判は、従うべき「起草者の意図」とは何かについて一定の観念を前提としているが、その前提自体議論の対象となるべきものである。「民主主義」についても同様で、一定の観念を当然の前提とすることはできない。そして、「起草者の意図」や「民主主義」に関わる議論は、実体的判断抜きには行うことができないのである。

このように、Dworkinは憲法解釈を行うには実体的判断を避けることはできないという立場を採る。さてそれでは、Dworkinの理論に従った場合、そこで必要とされる理論はどのようなものなのだろうか。

2. Dworkinが要求する正当化理論

(1) law as integrity [10]

インテグリティとしての法は、Dworkinが提唱する法解釈アプローチである。インテグリティとは、公正、正義、手続的デュー・プロセスと並んで価値を持つ政治理念であり、簡単に言うと、同様の事例は同様に扱わなければならないと要求するものである[11]。これは、統治機関に対して原理に従い首尾一貫したやり方で行動することを求める。インテグリティの原理には立法上のものと司法上のものがあるが、このうち、司法上のインテグリティの原理は、法を統一体として扱い原理において整合的なものとして解釈し適用すべきことを要求する。

そして裁判官が行うべき判断には、適合性の側面と正当化の側面という2

つの側面がある。法解釈および結論について複数の可能性が考えられる場合、彼は第1に、法のテクストや、(抽象的な) 制定者の意図、以前の裁判官の判断などの過去になされた判断と適合的か否かを問う。適合しない解釈は法の統一性を壊してしまうため、そのような解釈を採ることはインテグリティの要求を無視することになるからである。

　それでは、複数の解釈が第1のテストを通過し、しかもそれらについて適合性の観点からは優劣がつけられない場合はどうすればよいのだろうか。この場合、第2に、裁判官は、実質的な政治道徳上の観点から見て制定法の歴史を可能な限り最善のものとして正当化するのはどの解釈かを、問うことになる。過去の記録と適合する解釈が複数あるということは、法の歴史の統一体として複数の描き方が可能だということである。そのうちどれが最善の光のもとで描かれていると言えるのか。この判断が、インテグリティとしての法のアプローチが想定する法解釈の第2の側面である。

　ここでは政治道徳上の判断が必要となるが、この判断は第1のテストを通過するもの、すなわち過去の記録に適合するものでなければならない。これは、第2の側面である政治道徳的な正当化は第1の側面である適合性に原理的な拘束を受けている、と言える。つまり、法的判断において裁判官の政治的な信念が一定の役割を演じるのは確かなのであるが、それは適合性の原理によって拘束を受けているし限定されているのである。また、裁判官の政治的判断は、政治的諸価値の一般的なバランスが実現するように、他の分野の政治道徳にも配慮したものである必要がある。この意味での適合性もまた要求される[12]。

　以上のような解釈アプローチは憲法解釈にも当てはまる。ただ、憲法は他のあらゆる法の基礎となっているものであるため、その解釈もまた同様に基礎的なものでなければならない[13]。憲法を正当化する政治道徳は、法全体の政治道徳の一般的なバランスを実現するために、他のあらゆる法の正当化において配慮されるべきものとなる。「法律家は常に哲学者である。というのも、法とは何かについてどの法律家が説明しようと、その説明の一部は法理学になっているからであり、たとえその法理学が平凡で機械的なものであっても、このことに変わりはない。特に憲法理論において哲学は議論の表面近くまで浮上し、もし当の理論が優れたものであれば、哲学ははっきりとそこに姿を現して

くる」[14]。

（2） moral reading [15]

道徳的読解は、Dworkinが提唱する憲法解釈アプローチである。これは、一般的・抽象的な言葉で書かれた憲法の条項[16]を、政治的適正さや正義に関する道徳的原理に訴えたものであるとの理解の下に、解釈・適用しようとする[17]。この「道徳的読解」という概念はDworkinの著書「自由の法」において初めて使われたものであるが、しかし、彼の基本的主張に変化があったわけではないと思われる[18]。

憲法と道徳理論は不可分であること、及び憲法の抽象的な条項は道徳的概念を定立したものであり、それを適用するために裁判所は政治道徳上の問題を提起しそれに答えなければならないことは、早くから主張されていた[19]。また、道徳的読解の制約要素として歴史（起草者の言おうとしていたこと）とインテグリティが挙げられている[20]が、これも以前の議論を別の角度から言い直したもので内容上の変化があったわけではない。

歴史に関しては、解釈者は道徳的読解にあたって起草者の言ったことに左右される。しかし、それは彼らの定立した諸原理であり、具体的事例において彼等ならそれらの原理をどのように解釈し適用したか、といった情報ではない。これは、起草者は特定の概念構想（conception）ではなく概念（concept）を定立したのである、あるいは解釈者が従うべきは起草者の具体的な意図ではなく抽象的な意図であるという、以前からなされていた主張[21]を、制約の面から表現したものと捉えることができよう。

また、先に見たように、インテグリティとしての法という解釈アプローチにおいては政治道徳が重要な役割を演じるが、これは第1の適合性の側面に原理的な拘束を受けている。つまり、法解釈に政治道徳は必要であるが、しかし原理的な整合性を欠いたものはインテグリティの要求を満たさない。「道徳的読解」は、憲法解釈における政治道徳に関する議論の必要性を強調するための定式であると思われるが、インテグリティとしての法という観念を放棄しない限り、インテグリティに拘束されるのは当然のことであろう。

（3） Dworkinが要求する正当化理論

インテグリティとしての法や道徳的読解といったDworkinの理論は、法解釈（憲法解釈）の解答を提示するものではなく、1つの解釈方法論である。だとすれば、これを受け入れた裁判官や法律家であっても具体的事案の判断について異なる答えを出すことは当然あり得るし、Dworkinもそれを前提としている[22]。それでは、Dworkinの理論を受け入れる人同士の意見が分かれた場合、その対立はどのようなものになるのだろうか。

Dworkinは、具体的事案における条文の解釈・適用の問題は、純粋に事実的な問題ではあり得ないと言う。つまり、事案の判断についての対立は、例えば起草者の意図や民主主義プロセスを阻害しているかどうかについてどの見解が正確に事実を把握しているのか、といった種類の対立ではない。具体的事案に関する対立は、解釈の基礎となっている政治道徳に関する対立であり、抽象的な理論が複数存在することから起こる、理論的な対立である[23]。

例えば、Dworkinの解釈方法に従う2人の論者が、ある事案における修正第14条の平等保護条項の解釈・適用について対立しているとしよう。両者の解釈が共に条文の文言及び先例との適合性を満たす場合、次に、実質的な政治道徳の観点から見てどちらの解釈が優れているのかが問題となる。ここでは、一般的な平等理論が展開されることが考えられる。それでも決着がつかなければ、議論は一層抽象的なものとなり、憲法全体を正当化する政治理論は何かについて、それぞれ理論を構築することになるだろう[24]。

そしてさらに、憲法を正当化する理論は法実践全体の解釈に基づくものでなければならない[25]し、他のあらゆる法の基礎となるような基礎的なものでなければならない。こうして、具体的事案に関する議論はどんどん抽象的なものとなり、最終的には法実践全体を正当化する根本的な理論についての対立となる。

Dworkinが道徳的読解を提唱する目的の一つは、憲法解釈の背後にある政治道徳的判断を隠さずに示すことによって、これについての公的な議論を可能にすることである。実際には判断の根拠となっているのにもかかわらずそれを隠すことは、公的な監視や議論を混乱させるものだからである[26]。

Dworkinは起草者の意図も民主主義も無視はしていない。裁判官が従うべ

き「起草者の意図」や「民主主義」の観念がいかなるものであるべきかについては議論の余地があるのであって、最初から一定の観念を当然の前提とすることはできない、という主張を行っているのである。彼の解釈アプローチは、前提となっている実体的な政治判断や哲学を表に出すことで、議論の余地のあるものを当然の前提としたり、論点を隠したりせずに、議論を行うことを求めるものであると言える。

また、先に見たように、Dworkin は、異なった理論が並んで存在するときに、その正否あるいは優劣を決めることはできないという相対主義的、懐疑主義的な立場を採用しない。そのような立場自体が既に一定の信念（conviction）を前提としているのであり、自己の信念と無関係に他の理論に対する評価の基準が存在するわけではないとしている。「最初にあるのも最後にあるのも、信念である」[27]。「正しい解答が存在する」との立場が主観的信念であるとすれば、「正しい解答など存在しない」との立場も同様に主観的信念である。どのような立場も議論から離れた場所にはいられない。優劣の存在を否定する立場も批判を行う時点で議論に参加しているのであり、そこには自己の信念が存在する。自己の信念を議論の対象とさせずに議論を終わらせるような方法はない。どのような立場も議論を重ねる必要があるのである。

さて、具体的事案の問題が法全体を正当化する理論は何かという根本的な問題と結びつき[28]、しかも、懐疑主義を含めすべての人々が依拠することのできる確実な基礎の存在が否定されるのであれば、法解釈上の対立は最終的には各人の信念あるいはコミットメントにまで遡る可能性があることになる。Dworkin は、これを隠したり法解釈とは無関係であるかのように装ったりするよりも、取り出して正面から議論に乗せるほうが好ましいと考えているのだと考えられる[29]。

第2節　合理的に浅い理論
——Sunsteinの完全には理論化されていない合意——

1. 実体的判断の必要性と懐疑主義批判

　SunsteinもDworkinと同様、憲法解釈は原理抜きで行うことはできず、実体的判断が不可避であるとの立場を採る[30]。Bork（原意主義）[31]とElyの理論について、Sunsteinは、彼らの理論も実体的判断を免れることはできないし、彼らは自己が行っている実体的判断を隠していると、批判する[32]。そして、どのような解釈方法も個人的な判断を完全に回避することはできないし、不可避的に広い意味での政治的判断と関わりをもつと主張する[33]。
　また、Sunsteinは、懐疑主義あるいは相対主義に対して否定的であり、この点でもDworkinと同様である。「（…）意見の不一致が存在するという単純な事実から、法や倫理の領域において論争の対象となっている問題に対する正しい解答（correct answers）は存在しないとの結論は導かれない（…）。人々が合意しないという事実は、誰も正しくない、ということを意味しない」[34]。
　法解釈における原理の役割を認め、実体的価値判断が不可避であるとの立場を採った上で、懐疑主義あるいは相対主義を否定する。この点では両者の立場は同じである。違いは、裁判所が具体的事案について判断を行う場合、必要となる理論はどのようなものか、という点にある。
　Sunsteinは、一般的、抽象的理論の役割を重視し最終的には法体系全体を正当化する理論まで要求するDworkinの理論に対して批判的であり[35]、「完全な理論化（completely theorized）」に対抗する概念として「完全には理論化されていない合意（incompletely theorized agreements）」を提示する。

2. 完全には理論化されていない合意[36]

（1）意　義

　例えば、ナチ党がユダヤ人の多く住む地区においてデモ行進するのを政府が禁止することが許されるかどうかが問題とされる、具体的な事案があるとし

よう。これが言論の自由の問題として扱われる場合、まずここにあるのは「憲法によって言論の自由が保障される」という命題である。ある論者がさらに関連する命題として、「言論の自由の保障根拠は個人の自律の価値にある」という命題、及び「政府は明白かつ現在の危険の存在を立証しなければ言論活動を禁止することはできない」という命題を提示したとする。ここには、自律の価値 → 言論の自由 → 明白かつ現在の危険の基準 → 結論（禁止の是非）という一連の正当化の流れがあり、原告と被告のどちらが勝つのかといった個別具体的な結論から距離が開けば開くほど命題の一般性、抽象性が高いものとなっていく、という構図を描くことができる。

さて、法解釈に関わる通常の議論において、一般的・抽象的な理論や原理から個別具体的な結論に至るまでの各段階すべてについて合意がなされる場合というのは非常に稀である。Sunstein は意見の不一致の形態を大きく3つに分類している[37]。

まず、一般原理については合意がなされるが具体的結論については意見の不一致が起こる場合がある。例えば、明白かつ現在の基準について合意ができるとしてもナチ党のデモ行進の禁止が許されるか否かについては意見が分かれることがありうるし、人種差別が許されないことについて合意ができるとしても、アファーマティブ・アクションの是非については合意できない場合がありうる。Sunstein は、この現象を「一般原理に対する完全には理論化されていない合意（incompletely theorized agreement on a general principle）」と呼んでいる。これは完全に結論を特定しているわけではない（incompletely specified）という意味で完全には理論化されていない。

第2の現象は、人々が中間的な原理には合意するが、抽象的な一般理論にも個別具体的な事例についても意見の不一致が生じる場合である。例えば、明白かつ現在の基準の妥当性には合意するが言論の自由の基礎づけ理論についてもナチ党のデモ行進を禁止することの是非についても、合意がなされない場合がありうる。

そして、Sunstein が最も重要視し強調するのが第3の現象で、個別具体的な結論とそれに伴う適用範囲の狭いあるいは抽象度の低い原理に対する、完全には理論化されていない合意がなされる場合である。この種の合意は、当該合

意を説明し正当化するより一般的で抽象度の高い理論あるいは原理を含んでいないという意味で、不完全な形でしか理論化されていない[38]。

Sunstein が第3の現象に注目するのは、抽象度の高い命題について人々の意見が分かれる場合に、抽象度のレベルを下げることによって合意できる可能性がある、という理由による[39]。先のデモ行進の例で言えば、言論の自由の保障根拠について、中心にあるのは個人の自律か民主プロセスにおける機能かといったかたちで意見が分かれたとしても、明白かつ現在の基準については合意することができるかもしれない。

Sunstein が挙げている例の一つとして、量刑のガイドラインの作成を行った合衆国量刑委員会の例[40] がある。委員会では、刑罰を与える根拠について応報モデルを採るか抑止モデルを採るかで意見が鋭く対立した。この一般理論についての議論は決着を見ることはなく、結果として委員会は、刑罰の目的についての大きな理論を採用することを放棄し、ガイドラインの根拠を過去の実践、先例に求めた。委員会のメンバーは刑罰の根拠についての一般理論には合意しなかったが過去の実践が妥当であることには合意したのである。

(2) 長 所

ここで確認しておく必要があるのは、Sunstein の議論は抽象的な理論を全面的に否定しようとするものではない、ということである。彼は理論の抽象度を上げることによって行われる議論は先入観や混乱、矛盾を暴くものであり、法制度に携わる者はこの努力を放棄すべきではない、としている[41]。また彼は、完全には理論化されていない合意が好ましいものであるとする主張を受け入れるためには、これを正当化する一般理論が必要である、と言う。この種の合意を擁護する主張を受け入れるにしろ拒否するにしろ、その議論は不完全な理論化しかされていないものであるべきではないのである[42]。

Sunstein は完全には理論化されていない合意を擁護する証拠の一つとして、現実の法文化そのものを挙げている[43]。この合意は、現実にそうであるという記述的な側面においてだけではなく、評価的な面においても重要視されている。実際上、この種の合意がなされることがより好ましいとされているのである。彼の説明を見よう[44]。

まず、何らかの決定を下す必要のある組織が複数のメンバーから成る場合。第1に、完全には理論化されていない合意は、例えば「正」や「善」に関する理論や平等は自由より重要なのかといった問題に関する理論のような、規模の大きな理論についてコンセンサスが存在しない場に適合的である。この種の合意は、人々が一般的な原理については合意できないとしても個別具体的な結論に合意することはできる、という現象として定義づけられるが、これ自体が大きな利点であるとされる。この利点は、決定を下す必要があるという理由だけでなく、社会的安定の要請とも関連する。社会的安定は、公的、私的領域における根本的な意見の不一致があらゆる事例において発生するようであれば、実現することができないものだからである。

　第2に、完全には理論化されていない合意は、自由主義的民主主義及び自由主義的な法秩序の実現という2つの目的にとって有益である。この種の合意は、人々の共生や人々が相互性を示し合い互いに尊重し合うことを可能にするのである。

　ある問題について人々が根深く対立する時、彼らは相手の強い信念に敬意を表して譲歩し相互性と互いに尊重し合う意思を示す方法として、当該問題についてあまり突っ込んだ議論をしないことに合意することがある。そして、もし相互性や相互の尊重が望ましいのであれば、裁判官は訴訟当事者その他の人の根本にあるその人にとって重要なコミットメントにむやみに攻撃を加えるべきではない。確かにすべてのコミットメントが尊重されるわけではなく、否定されてしかるべきだと評価されるものは存在する。しかし少なくとも、あるコミットメントが合理的なものであり攻撃の必要性がないのであれば、それをむやみに争いの対象とすべきではない。

　次に、メンバーが複数であるか否かに関わりなく、完全には理論化されない合意が必要とされる理由についてであるが、それは以下の4つである。

　第1に、完全には理論化されていない合意による決定は、訴訟で敗れた人の根本にある信念までも否定してしまうことがないため、対立の永続化という政治的コストを減少させることができる。敗訴した人は個別具体的な決定について敗れただけであって、自己の世界観を否定されたわけではない。彼は、他の機会に勝訴することができるかもしれないのであって、嫌々でも、その決定

に従うことができる。

　第2に、例えば憲法が要求する「平等」のように、道徳が時間の経過と共に漸進的に変化することを望むのなら、完全には理論化しない方が良い。理論的に完結してしまうと、法文化は過度に厳格で固定的なものになってしまう可能性がある。

　第3に、完全には理論化されていない合意は、限られた時間と能力しか持ち得ない人々にとって最善のアプローチかもしれない。完全な理論化は達成が難しすぎるのである。

　第4に、この合意は、先例に拘束されることが要請される制度に適合的である。一定の社会的安定を望むのならば、先例であるという理由それ自体が合意の基礎となった方が良い。理論的に不完全であるという理由で頻繁に先例が覆されるような状況は、社会的安定の観点からは好ましいものではない。

　さらに一般的な論点として、Sunstein は道徳の多様性、多元性の問題を指摘している[45]。人間の道徳世界には単一の支配的（master）価値に還元することのできない多様な価値が存在する。これは、法の中に反映されている道徳的価値についても同じことが言えるのであって、すべての法的判断を包摂するような単一の価値があるわけではないと、彼は言う[46]。個別具体的な法領域についても同じことが言える。例えば、言論の自由は、民主主義を促進するだけではなく、個人の自律や経済的発展、自己開発やその他の目標をも同様に促進する。そして Sunstein は、完全には理論化されていない合意は多様で多元的な道徳世界に適合的であると言うのである。

　その理由は、以下のように考えることができる。彼は別の文脈で、質的に異なる仕方で価値付けられる諸要素の通約可能性の問題に触れており、人間の善（goods）は重大な損失抜きには単一の上位概念（superconcept）に還元することはできない、と述べている[47]。例えば言論の自由について理論化を推し進めると、最終的には先に見た諸価値すべてを包摂するような単一の価値を掲げることになるだろうが、それによって何らかの損失が生じるかもしれない。例えば民主主義と個人の自律の両方が還元されるような単一の価値を考えようとすると、どちらか一方あるいは両方の価値を損ねる形でしか理論化できないかもしれない。しかし、完全な理論化を目指してそのような価値について

の議論をしなくても、言論の自由は様々な価値に仕えるものとして事案ごとにより具体的な価値について合意していけるのであれば、それぞれの価値を損ねることはない。この意味で、完全には理論化されていない合意は、多様で多元的な道徳世界に適合的なのである。

(3) 短　所

ただし、この種の合意が常に望ましいものであるわけではない。この種の合意が矛盾や先入観、私利私欲を反映していて不当な場合がありうるからである。Sunsteinはこのような場合、より完全な理論化を行うことが有益であるだけでなく必要ですらあると言う[48]。

合意が完全には理論化されていない場合、合意したすべての人が間違っているという可能性を完全に否定することはできない。通常、すべてのあるいはほとんどの人が合意する誤った結論よりも、多くの人が拒否する正しい結論の方がはるかに好ましい。完全には理論化されていない合意が望ましくない場面は確かに存在するのである[49]。この点で、完全には理論化されていない合意の擁護論は、決定的というよりはむしろ推定的なものであるとされている[50]。

3. 理論化と裁判所の役割

しかし、理論化が必要な場合というのは基本的には合意がなされない場合が多い[51]。考えてみれば、理論化が行われるのは、合意ができない場合あるいは既になされた合意に対する批判を行う場合が多く、合意ができる場合あるいは合意の当事者にとってはそれ以上の理論化が必要ないのは当たり前のことのように思われる。だとすれば、Sunsteinの議論は、必要のない時に無駄な理論化を行うべきではない、というただそれだけの主張を行っているものなのだろうか。

それもあるかもしれない。しかし、彼の主張の背後にある問題意識の中心は、統治制度の一部を担う裁判所の姿勢として適切なのはどのような態度か、という点にある。

（1） 概念的上昇

　Sunstein は、個別具体的な判断や原理がより一般的、抽象的な理論の一部となっていく現象を「概念的上昇」として扱う[52]。個別の判断や抽象度の低い原理が本当に適切なものであるのか、他の判断や原理と矛盾しないかをテストするためには、より一般的、抽象的な理論が必要となる。そしてさらに、その理論をテストするためにより一層抽象度の高い議論が行われる。このように考えると、抽象度のレベルを上げていくこと、そして最終的には大規模な理論に訴えることには、十分な理由があることになる。

　だとすれば、相対的に抽象度の低い原理に対する合意である完全には理論化されていない合意は、より広範で深い理論化に向かう過程の初期段階にあるもの、として考えることになる。そこで完結するわけではないのである。

（2） 裁判所の役割と解釈方法論

　Sunstein はこのような理解自体を否定するわけではない。道徳に関する議論や民主プロセスにおける議論としては適切なものである、と述べる。彼が否定的であるのは、このような概念的上昇を伴う理論的作業を裁判官が行うことに対してである[53]。

　各人の最も深いところにある重要なコミットメントが通約不可能であることを前提とするならば、人々が根本的な原理について合意しないのは合理的なことである。そして、裁判官は複雑な統治システムの一部のみを担うに過ぎない。したがって、裁判官の役割には限界があるし、他人のコミットメントを否定するようなかたちで根本的な原理について決定を下すべきではない。このように、裁判官はその役割と司法道徳の両面から拘束されることになるが、高度に抽象的な理論について決着をつけることなく合意を可能にするという点で、完全には理論化されていない合意は、不合意のコストの削減及び謙譲と相互の尊重の表明といった利点を有するのである。

　そして Sunstein は、政策的、原理的理由の両面から、正や善に関わる大規模な理論の展開は司法の任務ではなく、民主部門の任務である、と言う[54]。理由の一つとして、大きな理論は大規模な社会変革を求めるけれども、裁判所にはそれを実施する能力がないことが挙げられている[55]。例外的に裁判所に

よる大きな理論の展開が望まれることもあるが、ほとんどの場合、その任務は立法府が担う方が適切である。

　Sunstein は、裁判所内で機能する憲法は実体的原理と制度的な拘束の混合物であると言う[56]。解釈方法論の文脈で彼は、特に制度的な事情を強調している[57]。解釈方法を選択する人達は、様々な集団や機関にいかに権限を割り当てるかについて決定しなければならない。権限の配分は解釈方法の選択の結論部分である。そして彼らは、自分達が最も信頼していない機関の裁量を最小化する解釈実践をもたらすよう試みなければならない。解釈方法の多くは、それが正しい仕方で権限を配分していることを基礎として、最もうまく擁護される[58]。

　そして、Sunstein は、その主張がトートロジーに近いものであることを認めながらも、次のように言う。「どのような解釈方法も、すべての事情を考慮した上で、それが最善の法システムを創出するという理由に基づいて、擁護されなければならない」[59]。

　以上のような考えに基づいて展開される Sunstein の解釈アプローチは、以下の3つの構成要素から成る[60]。

　第1に、ソフトな原意主義（soft originalism）。憲法解釈は起草者の意図に拘束されるべきである。しかし、それは起草者の具体的事例に対する解答ではなく、より一般的な目標ないし目的である[61]。

　第2に、ケース・バイ・ケースの判断と類推的思考。これは、先例を重視しそれに拘束を受けながらケース・バイ・ケースの判断を行うものである。Sunstein は、法的に意味のある（relevant）類似点を有する事例は同様に扱い、法的に意味のある相違点を有する事例は異なる扱いをすることを目的とした思考方法である類推による推論（analogical reasoning）を、裁判システム内で行われるすべての法的推論の中で最も中心的な役割を果たしているものと捉えている[62]。この類推による判断には原理が用いられるが、そこで重視されるのはより具体的な原理である。ここで完全には理論化されていない合意が大きな役割を果たすことになる。

　ただし、第3に、例外的に、裁判所が一定の抽象的な理論を展開すべき場合がある。それは、民主プロセスが信頼に値しなくなる事態を生じた場合で

ある。信頼に値しない場合とは、まず、政治プロセスの中心にある権利が侵害され、その侵害に対する政治プロセスによる救済が期待できない場合。次に、ある集団や利害関係者が彼らに対する偏見や敵意のゆえに政治プロセスに対する公平な影響力を持つことができない状況の場合、である[63]。この点はElyの提示した議論に非常に良く似ている（本人もそう述べている）。ただし、Sunsteinは、どのような民主主義の観念が適切であるかは選択的な問題であり、実体的な議論が必要であると言う[64]。「民主プロセスの監視・維持については裁判所に積極的な役割が認められる」という命題は、そのままで具体的事案を解決するような決定的なものではなく、具体化に際して意見が分かれることが前提とされた抽象的な理論である[65]。事案ごとに一定の実体的判断を行うことは、不可避かつ必要である。

さて、裁判所と政治部門の役割については、裁判所を原理に基づく議論を行う原理のフォーラム、政治プロセスを原理に基づかない妥協を生み出す一種のアド・ホックな判断を行う場、とする理解がある。Sunsteinは、これをウォーレン・コートの魔法だとして批判する。裁判所は通常、原理を引用するけれども、それは穏健で抽象度の低いものが多い。これに対して抽象度の高い原理は、政治部門において重要な位置を占める。アメリカの統治制度における真の原理のフォーラムは、裁判部門ではなく政治部門なのだと、彼は言う[66]。

例外的な場合を除いて、抽象度の高い一般理論は裁判官の決定の基礎としてはふさわしくない。少なくとも、複数の理論が同じ結論を導くのであれば、一般理論に対する警戒的な態度と大きな問題を自ら決定しようとしない謙譲的な態度が、裁判所の姿勢として適切である。裁判所における憲法解釈方法論の一部である「完全には理論化されていない合意の擁護論は、一般的には適切な制度に関する理論、そして特に熟議民主主義（deliberative democracy）の理論の一部であり、これには重要な原理が最善のかたちで展開されるのは司法の場ではなく政治の場である、という主張が伴っている」[67]。

ただ、上に見たように、民主プロセスが信頼に値しなくなる事態を生じた場合は、例外的に、裁判所が一定の抽象理論を展開すべき場合があるとされている。この趣旨は、政治部門を真の原理のフォーラムと考えるなら、政治プロ

セスは信頼に足るものでなければならないが、プロセスに対する信頼を失うような事態が生じ政治プロセスによる矯正が期待できない場合は、裁判所による積極的な是正が望まれる、ということだろう[68]。

第3節 比　　較

　Dworkin と Sunstein の理論を比較をしてみよう。
　まず、両者とも、理論の優劣の存在を否定する懐疑主義あるいは相対主義的な立場は採っていない。また、起草者の意図は考慮されるがそれは具体的事例に対する解答ではなくより抽象的な意図であるとする点、及び、事例の判断に関わる憲法解釈において先例との整合性を重視する点でも共通する。さらに、憲法解釈が原理によって行われ、実体的判断を必要とするものであるとする点でも、両者は共通している。
　両者の立場が大きく異なるのは、憲法解釈はどの程度の理論化を必要とするかについてである。原理に基づく議論は実体的な判断を必要とするのであるが、Dworkin の理論に従えば、この議論は最終的には法制度全体を正当化するような理論、さらには各人の信念あるいはコミットメントにまで遡ることになる。一方、Sunstein はこのような理論にまで遡ることに批判的であり、完全には理論化されていない合意を重視する。原理は裁判所によって援用されるし必要なものであるが、あくまでそれは完全には理論化されていない抽象度の低いものが中心だと言うのである。法制度全体を正当化するような単一の価値が存在するという前提は、価値の多様性、多元性と通約不可能性の観点から疑問であるし、他人の根本にある重要なコミットメントを攻撃の対象とする（ひいては社会的安定を損なう）ことにもつながる、といった理由が挙げられている。
　Sunstein のこのような議論については、法的プラグマティズムである[69]とか、理論を否定するもの（antitheory）である[70]といった評価がなされることがある。しかし、それは本人が述べているように[71]、適切な評価ではない。彼が否定的であるのは、一般理論の展開及びそれに基づく決定それ自体ではなく、これが裁判所によって行われることに対して、である。そして、Sunstein は完全には理論化されていない合意の擁護論を、適切な統治制度に

関する一般理論の一部として提示している。ここには、裁判所は深い、大きな理論を論じなくても良いし、論じるべきではないという司法の役割論がある。もちろん、その議論が成功しているかどうかについての評価は分かれるだろう。ただ、Sunstein が一般理論それ自体を否定しているわけではないということは、きちんと心に留めておく必要がある。

　Dworkin の狙いの一つは、法的判断の根拠となっている理解や判断を当然の前提とさせないことによって、議論をより合理的なものとすることだと思われる。ただ、この議論が最終的に各人の通約不可能な根本的信念あるいは価値観同士の対立となる可能性は否定できない。この場合に選択的決定を行うことは、いずれかの信念あるいは価値観を犠牲にせざるを得ないことになる。

　Sunstein も通約不可能な価値が問題となり、いずれかが犠牲にならざるを得ないという困難な状況が生ずる可能性は認めている[72]。Sunstein は、このような状況が生ずるのは仕方ないとしても、選択的な決定を裁判所が行うことは好ましくないと考えるのだろう。理論化を進めていくと、根本的信念あるいは価値観同士の対立にまで発展し、それに決着をつけなければならなくなる。だからこそ、裁判所は理論的には穏健な態度をとった方が良い、と。

　以上のようなかたちで、Sunstein と Dworkin は理論の展開の仕方について対立している。ここで、両者の具体的事案に関する見解の違いの例を1つ見ておこう。

　妊娠中絶の選択をプライバシーの権利の一つとして認めた Roe v. Wade 判決[73] は、アメリカにおいて激しい論争を巻き起こした。Dworkin は、これを連邦最高裁が決着をつけるべき問題を連邦最高裁が決着をつけたものだとして擁護している[74]。連邦最高裁による道徳的読解、Sunstein から見れば「大きな理論」の展開が正当なものとされているのである。

　これに対して Sunstein は、連邦最高裁は社会を激しく分裂されるようなやり方で大きな問題に決着をつけるべきではなかったと主張する[75]。違憲判決を出すべきではなかったというわけではない。中絶を禁止することに憲法上問題があることは認める。しかし、この事件で合憲性を問われた中絶を犯罪とするテキサス州法を違憲とする方法は、他にもあったと言うのである。例えば、この州法の規定が漠然不明確であることを理由として違憲とするなどの方法が

考えられる。そのように問題を限定して決定を行い、完全には理論化されていない合意を取り付け、徐々にゆっくりと、民主プロセスにおいても議論を行いながら、この問題を進めるべきであったと、Sunsteinは言う。

コンセンサスが存在しない、理論的に深いところにある問題に決着をつけようとしたために、Roe判決は、対立を激化、永続化させ、社会的安定を損ねてしまった。中絶権の有無や修正14条の保障内容のような一般理論レベルでの決着をつけなくても、事案は解決できたかもしれないというのが、Sunsteinの考えである

以上見てきたように、憲法解釈方法に関わるSunsteinのDworkin批判には、裁判所の役割に関わる主張が含まれる。憲法解釈方法と司法理論が結びついているのである。

憲法解釈に実体的判断が含まれることを認めた上で、解釈の優劣の存在を肯定すると、解釈の正当化は論理を積み重ねることで図られることになる。ただ、そこでどの程度の理論的正当化を行うべきかについては立場が分かれうる。これが裁判所による憲法解釈の方法の問題として論じられる場合、裁判所の役割に関わる主張もあわせて行われることになる。

【第5章要約】

- Dworkin理論の一つの特徴は、法解釈における道徳的判断の役割を正面から認めることである。彼の憲法解釈方法は、原理を重視し、価値的、実体的判断を含むことになるが、それは不可避であるとされる。実体的、価値的判断を避けるべきだとする理論もあるが、そういった理論も実際には実体的判断を必要とする。それらは実際には判断の根拠となっているものを隠そうとしている。このような議論の仕方は、一般的市民を含めた公的な監視や議論を混乱させると、彼は言う。

- そして、法解釈に関わる理論的正当化が非常に深いレベルにまで達するのが、彼の理論のもう1つの特徴である。しかも、憲法が他のあらゆる法の基礎となっていることから、憲法解釈は法制度全体を正当化する政治道徳理論にまで遡ることになる。

- これに対し、Sunsteinは、憲法解釈の際、Dworkinが想定するような大掛かりな理論の展開は原則としてすべきではない、と主張する。彼は、法解釈における原理の役割を認め、実体的判断が不可避であるとし、相対主義を否定する点では、

Dworkinと同様の立場を採る。ただ、裁判所が具体的事案の判断を行う際に用いる正当化理論は、「完全には理論化されていない合意」、つまり合理的に浅い理論で十分だとする。例えば、言論規制の事案では、結論と当該事案において用いる審査基準について合意できれば、言論の自由の保障根拠は自律の価値か民主的価値かといった一般的、抽象的議論に決着をつける必要はない、と。

・Sunsteinが深い理論化に批判的である大きな理由の一つは、道徳や価値の多様性、多元性にある。人々の最も深いところにある重要なコミットメントは通約不可能な場合が多い。根本的な原理の問題に関わるところまで理論化を行おうとすると、いずれかの価値を採用して他を否定するようなことが起きてしまう。理論化を深く進めれば進めるほど、誰かの道徳的価値を否定する可能性が高まるのである。

・Sunsteinは、一般的、抽象的理論の展開そのものを否定するわけではない。彼が否定的なのは、それを裁判官が行うことに対してである。深いレベルの大きな理論的問題に決着をつけるべき場合は、確かにある。しかし、それを行うのは司法ではなく、民主的政治プロセスである。裁判官たちは、他人のコミットメントを否定するようなかたちで、根本的な原理について決着をつけようとすべきではない、と。ここには、裁判所は深い、大きな理論を論じなくても良いし、論じるべきではないという司法の役割論がある。

注
1) Dworkin1985, chap.2.
2) この問題について論じた邦語文献として、阪口2001。
3) Dworkin1985, 33-34.
4) Dworkin1985, 34-57. Dworkinによる原意主義批判については、丸2001も参照。
5) 阪口2001、64頁。
6) Dworkin1985, 59-65.
7) Dworkin1985, 69.
8) Dworkin1985, 69-71.
9) 彼は、起草者の抽象的な意図と具体的な意図とを区別し、裁判官が従うべき意図は抽象的な意図の方である、としている（Dworkin1985, 48-55）。この区別は「概念（concept）」とその捉え方である「概念構想（conception）」の区別として提示され、起草者は概念を規定したのだと表現されることもある。Dworkin1986, 361-363, （邦訳556-558頁）、Dworkin1977, 133-136.（邦訳174-177頁）。丸2001、154-156頁参照。
10) Dworkin1986.

11）Dworkin1986, 164-167.（邦訳262-267頁）。
12）Dworkin1986, 256.（邦訳396頁）。
13）Dworkin1986, 379-380（邦訳580-581）。
14）Dworkin1986, 380.（邦訳580頁）。
15）Dworkin1996a. また、丸2001。
16）道徳的読解は憲法のすべての条項について適切であるというわけではない、とされている（例えば、大統領は35歳以上でなければならないと明記する第2条）Dworkin1996a, 8（邦訳13頁）。
17）Dworkin1996a, 2.（邦訳5頁）。
18）石山文彦「『自由の法』訳者あとがき」511頁参照。
19）Dworkin1977, 147-149.（邦訳192-195頁）。
20）Dworkin1996a, 9-12.（邦訳16-18頁）。
21）Dworkin1977, 133-136.（邦訳174-177頁）、Dworkin1986, 361-363,（邦訳556-558頁）。
22）Dworkin1986, 239,（邦訳373頁）、Dworkin1996a, 8.（邦訳13頁）。
23）Dworkin1986, 90（邦訳154-155頁）、Dworkin1996a, 35.（邦訳48頁）。
24）Dworkin1977, 106.（邦訳132頁）。
25）Dworkin1985, 36-37.
26）Dworkin1996a, 37（邦訳50-51頁）。
27）Dworkin1996b, 118.
28）Dworkinのアプローチは、イージー・ケースとハード・ケースとを問わず、すべての事例に妥当するものとされている（Dworkin1986, 353-354（邦訳541-542頁））。
29）Dworkin1996a, 37.（邦訳51-52頁）。
30）Sunstein1993a, chap.4.
31）Bork1990.
32）Sunstein1993a, 93-113.
33）Sunstein1996a, 173-174. Sunstein1996aのレヴューとして、Kaufman1996, Alexander1997, Fleming & Mclain, 1997, George1997, Rubin1997, Shapiro1997, Stone1998, Sherry1996.
34）Sunstein1996a, 92-93.
35）Sunstein1996a, 48-50, 96.
36）Sunstein1996a, chap.2. また、Sunstein1998, Sunstein2000, Sunstein2001b, chap.2.
37）Sunstein1996a, 35-37.
38）抽象度が高いか低いかというのは相対的なものであって、厳密な区別の基準があるわけではない。例えば、明白かつ現在の基準はナチの行進の禁止が是か非かという主張よりは抽象度が高いが、言論の自由の保障という原理よりは抽象度が低い。また、言論の自由の原理は明白かつ現在の基準よりは抽象度が高いが、言論の自由の保障を根拠付ける原理（例えば個人の自律

よりは抽象度が低い。
39) Sunstein1996a, 37. Sunstein は、この現象を概念的下降（conceptual descent）と呼んでいる。Sunstein1998, 268, Sunstein2000, 118.
40) Sunstein1996a, 8-9.
41) Sunstein1996a, 38.
42) Sunstein1996a, 60-61.
43) Sunstein1996a, 61.
44) Sunstein1996a, 39-43.
45) Sunstein1996a, 43-44.
46) もちろん、価値の多様性を認識した上でそのすべてを説明する一般理論を構築しようという試みを最初から否定することはできない。ただし、それは実際の事例及び起こりうる事例を広い範囲にわたって同定することが要求される、極端に複雑な課題となるだろう、とされている（Sunstein1996a, 44）。
47) Sunstein1996a, 145-146. また、Sunstein1996a, 98-99, Sunstein1994.
48) Sunstein1996a, 44.
49) Sunstein1996a, 58-59.
50) Sunstein1996a, 54.
51) Alexander1997, 543.
52) Sunstein1996a, 50-51.
53) Sunstein1996a, 52.
54) Sunstein1996a, 53.
55) Sunstein1996a, 45.
56) Sunstein1996a, 178.
57) Sunstein1996a, chap.8.
58) Sunstein1996a, 168-169.
59) Sunstein1996a, 170.
60) Sunstein1996a, 179-180.
61) Sunstein1996a, 173.
62) Sunstein1996a, chap.3.
63) Sunstein1993a, 143.
64) Sunstein1993a, 142-145.
65) Sunstein1996a, 179.
66) Sunstein1996a, 59-60.
67) Sunstein1996a, 60.
68) このような考えを基礎として、Sunstein は司法最小主義（judicial minimalism）を標榜し、

現実の事例を踏まえながら、より具体的な司法審査アプローチを展開している。詳しい紹介として、金澤 2004。
69) Sherry1996, Alexander1997, 544.
70) Dworkin1997, 355, 368. Dworkin は、Sunstein の議論を、理論を展開することそれ自体への批判と捉えているようである。
71) Sunstein1998, 279.
72) Sunstein1996a, 99, Sunstein1994, 853-860.
73) 410U. S. 113（1973）.
74) Dworkin1996a, 46-47.（邦訳59-60頁）。
75) Sunstein1996a, 180-181, Sunstein1999, 251-252.

第6章 裁判所の役割と政治理論、そして過去の評価
――すべて憲法解釈とつながっている――

【導入】
　憲法の解釈方法論の違いの背後には、司法の役割に関わる立場の違いがある。そして、司法の役割に関わる議論は、さらに一般的な統治の理論と結びついている。また、過去の事実に関わる評価の仕方も、司法の役割論と結びつく。これらすべてが憲法解釈とつながっているのである。本章でそれを確認しよう。

第1節　裁判所と政治部門の役割、それを支える政治理論

1. 裁判所の役割に関する見解の相違

　Ely のプロセス理論は、その内容の中核に裁判所の役割理解がある。彼は、裁判所の役割はプロセスの監視・維持であり、かつこれに限定されるとする。そして、この役割を果たすために裁判所が行うべき判断は実体的判断ではない。

　Tushnet は、憲法判断についての裁判所の役割をほとんど認めない。その理由は、大きく分けて2つある。1つは、裁判官もまた自分勝手な存在であり、裁判官の主観的判断を理論によって封じることは不可能である、という消極的な理由。もう1つは、憲法は人民に属するものであり、人民自らが憲法に関わる議論に参加し判断をすべきである、という積極的な理由である。

　Sunstein は、裁判所は合意可能なレベルにまで議論の抽象度を下げ、なるべく個別具体的な点について判断を行うものとする。大きな理論的問題については、基本的に民主プロセスに判断が委ねられる。例外的に、民主プロセスが信頼の置けないものとなる場合には、裁判所は意欲的に大きな理論を展開し適

用すべきであるとされている。

　Dworkin は裁判所が大きな論点について決定を下すことに肯定的である。例えば彼は、裁判所は立法府の意見を尊重すべきであるとする「消極主義」の文脈で、第1に重要な論点は正しく解釈された憲法が実際に何を要求しているのかであるとしていた[1]。もし正しく解釈された憲法が妊娠中絶を犯罪とすることを禁じているとすれば、これに反する立法府の判断を尊重することは、不当な憲法の変更であることになる。つまり、第1の問題は、憲法は何を要求しているのかであって、立法府の判断を尊重すべきか否かではない。

　しかし考えてみれば、正しい憲法解釈に関して意見が激しく対立するからこそ、どの機関の判断が権威を持つのかが問題となるのではないだろうか。この点、Dworkin は、道徳的読解を受け入れながらも裁判所が最終的判断の権限を持つことを否定する戦略の可能性を認めている[2]。そして、法的推論に関わる議論と憲法上の事案における裁判官の職責についての議論が直接結びつくわけではない、と述べている[3]。

　しかし、それを認めながらもなお、Dworkin は、裁判所に憲法解釈の最終権限があるとしている[4]。彼は、権限に関する制度的な「問題について決定するための基準としては、手続主導のものではなく結果主導のものを用いるしか方法はないと思う」と言う。これは、制度体系の決定手続の提供が困難であることから、「新たに国家の基本構造に関わる慣習を生み出そうとするのではなく、既に確立しているものを解釈する」アプローチを採るものである[5]。そして、アメリカの憲法解釈の実践を最も素直に解釈すれば、「連邦憲法が何を禁止しているかに関する自らの最善の解釈を宣言し、それに基づいて行動する職責を有するのが、まさに裁判所であることは、今や慣行によって決着がつけられている」[6]。

　以上見てきたように、裁判所が憲法解釈を行うべきでないという理論も含め、憲法解釈方法の背後には司法の役割についての一定の立場がある。少なくとも、以上に紹介した論者の議論を受けて、裁判所による憲法の解釈・適用を前提とした憲法解釈の方法について論じるには、司法がいかなる役割を果たすべきなのかについて、何かを語る必要があることになるだろう。

2. 裁判所と政治部門の役割分担、それを支える政治理論

(1) 憲法判断を誰が行うのか

　Ely は、憲法は圧倒的にプロセスを定めたものであり実体的価値についてほとんど述べていない、したがって司法府の役割は実体的価値の保護ではなくプロセスの維持であると言う。これに対して、Dworkin は、憲法は実体的価値について定めたものであり、しかもその議論には原理についての政治的、道徳的な議論が必要になると主張する。司法は原理に関わる実体的な議論が行われる原理のフォーラムである、と。

　Ely と Dworkin は、憲法解釈の権限はすべて司法府に属するとの前提を共有した上で、憲法理解について対立していると考えられる。つまり、Ely 理論においては、①憲法解釈の権限は司法府に属する。②憲法は価値ではなくプロセスについて定めたものである。③したがって、司法府が行使できるのはプロセスの維持に関わる権限であり、かつこれに限定される。一方、Dworkin 理論の場合、①憲法解釈の権限は司法府に属する。②憲法は価値を定めたものであり、その議論は実体的判断ひいては道徳理論を必要とする。③したがって、司法府は道徳理論に関わる議論を行うことになる。

　これに対して、Sunstein と Tushnet は、憲法に関わる議論の少なくとも一部は政治部門において行われるべきだとしている。Sunstein は、対立を生じやすい抽象的理論に関わる議論を、Tushnet は、すべてのあるいはほとんどの憲法的議論を、政治部門で行われるべきものだとするのである。

　Dworkin 理論に比べると、Sunstein、Tushnet は、憲法理念の実現に関する司法府の役割を小さく見積もっている。しかし、彼らは権利保障その他の、憲法理念の実現を放棄したり、制限しようとしたりするわけではない。問題は、憲法理念の実現のために政治部門と司法府にいかなる権限が属するのか、という理論的な問題である。そして、この問題は憲法解釈の問題として論じられている。

（2） 統治の一般理論

先に見たように、Dworkin は憲法に関わる最終的決定を司法府以外の機関が行うという理論的可能性は認めながら連邦最高裁が最終的決定権をもつと結論する。憲法価値の実現をどの機関がどれだけ担うのか。この問題は、望ましい統治制度はいかなるものかについての理解の違いに負うところが大きい。

Dworkin と Sunstein は共に、アメリカの統治制度は単純な多数者支配主義ではないとしている[7]。違いは、その統治をどのようにして実現するか、にある。Dworkin は立憲主義的民主主義を掲げ、その実現のために裁判所による司法審査の行使に大きな役割を期待する。Sunstein は、Dworkin に比べれば裁判所に小さな役割しか認めようとしない。その代わり、Sunstein は、少数者の意見にも耳を傾ける熟慮に基づく決定を行うプロセスとして民主主義を捉え、その時々の裸の選好による決定に否定的であるなど、民主主義プロセスに対する要求は大きい[8]。そして、裁判所は、熟議民主主義の実現に関しては大きな役割を担うことになる[9]。このような Sunstein の議論の背景には熟議民生主義の、政治理論が存在する。

Tushnet も、表現は異なるけれども、人々の自由や平等が危険にさらされないように政治部門に憲法を委ねるにはどうすれば良いかという問題設定の下に、政治部門における憲法的議論の方法について検討を行っている。そして、このような議論の背景には、人民中心主義の政治理論が存在する。

また、Ely の司法理論の背後には、多元主義（pluralism）的な思考がある[10]。価値が多元的であるがゆえに、憲法は実体的価値の選択を政治プロセスに委ね、プロセスの矯正を裁判所の任務としたのだ、と。

以上のような議論は、憲法の掲げる理念は何か、その実現のためにはどのような権限配分がなされるべきか、という憲法解釈上の対立である。そして、この問題は、裁判所と政治部門の相互関係の問題や「政治プロセス」あるいは「司法」理解と密接なつながりを持つ。

Dworkin は、「立法者達は、政治過程で多種多様な政治的、経済的圧力に対して脆弱であり、それゆえ、立法府は政治的に弱い立場にある集団の諸権利を保護する手段として安全なものではない」と指摘している[11]。この指摘が適切かどうかを検討の対象とすることもできるが、置いておこう。問題は、たと

第6章 裁判所の役割と政治理論、そして過去の評価——すべて憲法解釈とつながっている—— *141*

えこの指摘が妥当なものであるとしても、その矯正の手段をどのように考えるのかの問題が直接的に解決するわけではない、ということである。すなわち、政治過程に短所があるとしても、それを補うために、裁判所による積極的な憲法的救済が行われるべきなのか、あるいは政治過程それ自体を適正化する方向に力を入れるべきなのか、という問題に対する回答が直接に導かれるわけではない。

　Dworkin が連邦最高裁による積極的な憲法判断を高く評価するのは、不当な政治判断を補う裁判所の役割を大きく考えるからであり、Sunstein が政治過程の適正化についてのみ裁判所の積極的な判断を認めようとするのは、裁判所には相対的に小さな役割しかないと考えるからである。そして、政治過程の短所を指摘するだけでは、両者の優劣をつけることはできない。

　また、憲法判断に関する裁判所の権限を小さく考えようとする Sunstein や Tushnet は、裁判所が積極的な憲法判断を行うことによって起こる弊害を強調し、それと同時に、民主的政治過程のあるべき姿を提示している。一方で Dworkin は、これまでの裁判所の実践を高く評価し政治過程を信頼し得ないものとして捉えている。「立法に対するポジティブな見方は司法に対するネガティブな見方と連れ立っている。逆もまたしかり」[12]。このような見方の違いが権限配分に関わる理論の違いに反映されているとすれば、望ましい統治を実現するために政治部門と裁判所のどちらにどれだけの権限を配分すべきなのかを論じる前提の一つには、どちらがどれだけ信頼できるのか、あるいは信頼すべきなのかという問題があることになる。

　ここには、実際のアメリカの歴史をいかに記述するのか、そしてどう評価するのか、といった問題も含まれる。そして、裁判所の役割を小さく考えようとする Tushnet や Sunstein は、法律家の間で自明視されがちな一般的信念に対して疑いの目を向けている。それは、歴史上、連邦最高裁が社会を望ましい方向に改革するために非常に大きな役割を果たしてきた、という信念である。

　以下、Tushnet、Sunstein が引用する[13] Rosenberg の研究の概要を見てみよう[14]。

第2節　過去の評価
―― 現実に裁判所はどのような役割を果たしうるのか ――

1. 司法の役割論と過去の事実

（1）The Hollow Hope

Rosenbergは、著書 The Hollow Hope[15]において、膨大な資料を基に、20世紀中盤以降の主要な社会的、政治的変革において、裁判所が果たしてきた役割について検討している。彼の議論は、裁判所がどのような役割を担うべきかという規範的な主張を行うものではない。彼は、連邦最高裁が現代アメリカ社会の再形成において重要な役割を果たしたという観念が無批判に想定されていることを出発点とし、それが事実なのかどうか、つまり実際に裁判所がそのような役割を果たしてきたのかどうかについて、様々な資料を基に記述的な議論を行っている。そして、Rosenbergの結論は、裁判所は、議会や政府その他の政治的エリートの協力を得られるといった諸条件をクリアしない限り、社会的変革を生み出すことができなかった、というものである。

（2）司法の役割論と過去の事実

「司法の役割」に関する議論は、「実際に、司法部門は何をしてきたのか、何を実現したのか」といった事実に関わる議論とも結びつく。もちろん、裁判所はいかにその権限を行使すべきか等の規範レベルの議論と、実際に裁判所は何をしてきたのかという事実レベルの議論は区別されるべきではある。しかし、両者が無縁でいられるわけではない。

例えば、Dworkinは、裁判所の審査権限について次のように述べる。「連邦憲法が何を禁止しているかについて、自らの最善の解釈を宣言し、それに基づいて行動する責務を有するのが、まさに裁判所であることは、今や慣行によって決着がつけられている」[16]。ここでは、裁判所が司法審査権をいかに行使すべきかという規範レベルの議論の拠り所が、過去の実践という事実に求められている。

これに対し、裁判所が大きな理論を展開することに否定的なSunsteinは、

現実に裁判所が大掛かりな理論を実行に移せないことを根拠の一つとしている。「大掛かりな理論の展開に懐疑的な立場は、そのような理論が大規模な社会改革を求める可能性があり、しかも裁判所がそのような改革を実行するのは非常に困難である、という事実にも依拠する」[17]。

また、Tushnet は、憲法に関わる議論は裁判所ではなく政治過程において行われるべきだと主張する。彼は、従来の司法審査が有する様々な問題を指摘し、裁判所の過去の功績を強調する立場を批判する[18]。従来の連邦最高裁の実績を拠り所として司法の優位を擁護する論調が多いけれども、それらは過去の裁判所の行動を過大評価している、と。

それぞれ立場は異なるが、Sunstein と Tushnet は「司法の役割」に関わる理論を展開する際に、「過去にアメリカの裁判所が社会の大変革のような仕事を成し遂げたという実績はない」ということを根拠の一つとしている。「裁判所は何をすべきか、すべきでないか」という規範レベルの議論において、「現実に裁判所が何を実現してきたのか」という事実レベルの問題が持ち出されているのである。

一方、裁判所に具体的事件の判断を超えた何か大きな仕事（例えば、政策形成）を期待する立場にとっても、「過去に裁判所が何を実現してきたのか」の問題は重要だろう。過去に実際に成功したことを継続（または復活）すべきだという議論と、過去に成功例はないがこれからは行うべきだという議論は、理論構成の仕方が異なってくる可能性が大きいと考えられる。

過去に裁判所が何をしてきたのか、何を実現したのかといった事実に関わる情報は、司法の役割を議論する１つの重要な構成要素となりうるのである。

2. The Hollow Hope 概要

以下、Rosenberg が著書 The Hollow Hope で示した研究の概要を見ておこう。

（1）ブラウン判決とその後のアメリカ社会の変化
（ⅰ）ブラウン判決 Brown v. Board of Education
原告は、人種に基づく分離を要請または許容する法律の下で、白人が通う公

立学校への入学を拒否された黒人児童達である。1954年、連邦最高裁は、全員一致で、公立学校における人種分離は平等な教育の機会を奪うものであり、平等保護条項（修正第14条）に違反すると判断した。公教育において「別々ではあるが平等」の法理を入れる余地はない。人種によって分離された教育機関は、本質的に不平等である、と[19]。

ただ、1954年の判決は原告の救済について述べるところがなかった。そこで、1955年、連邦最高裁は、1954年判決（BrownⅠ）の憲法判断を実現する権限、すなわち公立学校における人種別学を法的強制によって終わらせる権限を連邦裁判所が有すると宣言する（BrownⅡ）。これは、学区の教育委員会に別学解消のための計画案を作成・実施させるものであった。連邦裁判所は、教育委員会の計画案を審査し、その実施状況を監督するという役割を果たすこととし、別学廃止を可及的速やかに実現すべきだとしたのである[20]。

以上のように、連邦最高裁は、2つの判決によって、州による公立学校の人種別学を違憲であるとし、人種別学を迅速に終わらせるよう判示した。

ブラウン判決は、従来の判例を変更して「別々であるが平等」の理論[21]を否定した点で、判例上大きな意味をもつものであった。連邦最高裁は、人種分離は平等保護条項に反するという原則は公教育の領域に限られないとの立場を採り[22]、教育施設に続いて、海水浴場やゴルフ・コース、バスや公園など、他の公共施設で行われた人種分離についても、次々に違憲の判断を下した[23]。ブラウン判決は、裁判所による人種分離の合憲性判断において、非常に重要な役割を果たしたのである。

ブラウン判決の結論は、原告団だけではなく「原告と同様の立場にあり、その者のために訴訟が提起された者」についても当てはまるとされ、その後、当事者以外の地域においても連邦裁判所による人種統合命令が出された。ブラウン以後の違憲判決と合わせて、連邦最高裁は、アメリカにおける人種分離をすべての地域で廃止することを求めていたのである[24]。

（ⅱ）「ブラウン判決がアメリカ社会を変えた」

ブラウン判決の後、アメリカ社会は市民的権利（黒人に対する差別撤廃）の分野で大きな変革を経験することとなる。

1957年には連邦議会において1875年以降まったく手付かずだったCivil

Rights Act（市民的権利に関する法律）が制定され、権利の保障は1960年、1964年に成立したCivil Rights Actによってさらに拡大した。また、1965年には、低収入の児童の割合が大きい学校区を連邦が金銭的に援助することを内容とするthe Elementary and Secondary Education Act（初等中等教育法。ESEA）が制定された。この法律は、公立学校の人種統合を執行府が進めるための強力な武器となった。

大統領をはじめとする執行府は、法律で与えられた権限を行使し、南部諸州を中心に人種分離を行う地域に対して積極的に介入措置をとった。

市民レベルでは、1956年のモンゴメリー・バス・ボイコット運動[25]をはじめ、1960年から始まった坐りこみ運動（Sit-Ins）[26]、1961年のフリーダム・ライド（Freedom Ride）[27]など、差別撤廃を求める抗議運動やデモ[28]が各地で行われ、立法府、執行府の行動に大きな影響を与えた。

結果として、様々な分野での人種統合、黒人の市民的権利（Civil Rights. 公民権）の拡大が実現する。例えば、南部諸州において白人と同じ学校に通う児童は、1954年には黒人児童全体のわずか0.01%に過ぎなかったが、1972年には91.3%にまで増大している。また、黒人にだけ筆記テストを課すなど様々な不平等措置によって妨害されていた黒人の南部における選挙人登録は、1956年には黒人全体の20%だったものが、1970年には66.9%にまで増加している。

アメリカでは、市民的権利（黒人に対する差別撤廃）の分野において大きな変化が現実に起こり、その変化はブラウン判決の後に起こっている。ブラウン判決を代表とする連邦最高裁の行動は人種統合・差別撤廃に向かっていた。そして、現実に多くの差別が撤廃されたのである。

このことから、ブラウン判決は具体的事件に対してだけ通用するのではない、何か大きな力を有したとの理解が生まれた。例えば、以下のように。「ブラウン判決は、1954年の判決の対象となった5つの学校制度にとどまらず、それを大きく超える重要性を有する」[29]。「ブラウン判決は、アメリカ20世紀史の中で、政治的、社会的、そして法的に最も重要な事件かもしれない。（…）ブラウン判決の物語は革命の物語である」[30]。

(iii) それは本当か

Rosenbergの検討は、連邦最高裁が現代アメリカ社会の変革において重要な役割を果たしたという理解が一般的であることを前提として始まる。そして、その理解は誤りであったと、彼は結論する。以下、市民的権利の分野、特にブラウン判決の判断の対象となった公立学校における人種分離に関わるRosenbergの検討を見る。

先に見たように、ブラウン判決後に人種統合に向けて行動したのは、大きく分けて連邦裁判所、連邦議会、執行府、市民である。可能性として考えられるのは、大まかに言って2つ。第1に、連邦裁判所がブラウン判決を先例として行動し、直接に人種統合を実現した。第2に、ブラウン判決が政治部門や市民

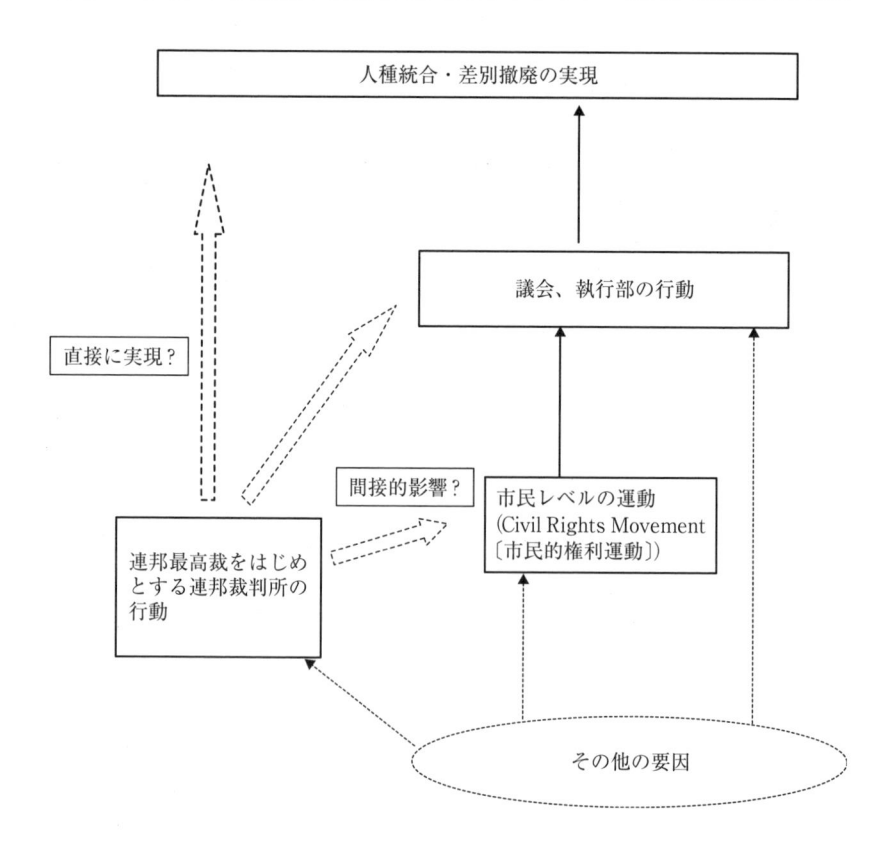

に影響を与え、間接的に人種統合を実現した。

Rosenbergは、この両方を否定する。

(2) 連邦裁判所が直接に人種統合を実現したのか

連邦最高裁は、1954年のブラウン判決を皮切りに、人種分離制度を次々に違憲と判断したが、連邦議会と執行府が公立学校の人種統合に向けて本格的に行動し始めるのは、1964年になってからのことである。したがって、1954年から1964年までの10年間、連邦最高裁は、人種別学が違憲であるという姿勢を強く打ち出した唯一の機関だった。

しかし、データは物語る。連邦裁判所だけでは、ほとんど何も実現できなかった。人種別学を実施していた南部諸州では、「1954年から1964年の10年間に、ほとんど何も起こっていない」。すべての黒人児童のうち、白人児童と同じ学校に通っていたのは、1954年に0.01%であったものが、1964年1.2%になっただけであった。「数字が示すのは、連邦最高裁は、ブラウン判決以降の10年間、南部諸州の公立学校の人種別学を終わらせることについて、ほと

年	%	#
1954-55	0.001	23
1955-56	0.12	2,782
1956-57	0.14	3,514
1957-58	0.15	3,829
1958-59	0.13	3,456
1959-60	0.16	4,216
1960-61	0.16	4,308
1961-62	0.24	6,725
1962-63	0.45	12,868
1963-64	1.2	34,105
1964-65	2.3	66,135
1965-66	6.1	184,308
1966-67	16.9	489,900
1968-69	32.0	942,600
1970-71	85.9	2,707,000
1972-73	91.3	2,886,300

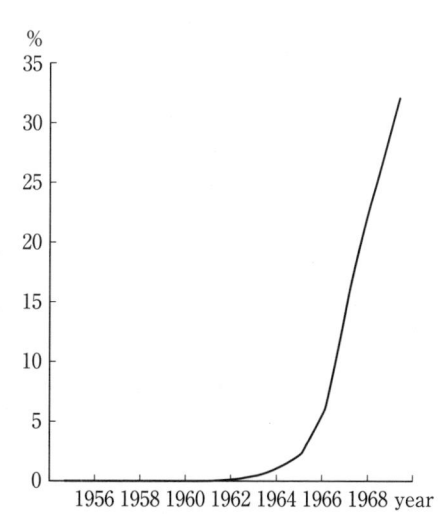

#：初等中等学校において白人と同じ学校に通う黒人の子供の数
%：すべての黒人の子供の内、白人と同じ学校に通う黒人の子供の数が占める割合
(Rosenberg 1991. 50-51. 図表には若干手を加えている。)

んど何の貢献もしていない、ということである」。状況が変わったのは、連邦議会と執行府が動き始めてからであることを、データは示している。「ブラウン判決から1964年のCivil Rights Act、1965年のESEAの制定までの期間の連邦最高裁の行動は、人種統合に無関係なように見える。南部において公立学校の人種統合がかたちとなって現れたのは、上記の法律が制定された後でしかないのである」[31]。

　Rosenbergは、初等中等教育におけるのと同様に、高等教育、投票権、交通輸送、宿泊施設・公共施設、住宅などについても、データを基に、変化がいつ起こったのかを精査している。その結果は、ほとんど公立学校の人種統合と同じだった。すなわち、連邦議会、執行府が動くまで、実際上大きな変化は起こっていなかったのである[32]。

　例えば、実際に南部の黒人の選挙人登録数が急増したのは、黒人に対する様々な選挙権制限を連邦最高裁が次々と違憲とした時期ではなく、Voting Rights Actの制定等の立法府の行動や選挙人登録の推進計画等の執行府の行動の後だった[33]。

　Rosenbergは次のように結論する。議会と執行部が行動を起こすまでは、これらの重要な領域における差別撤廃に対する直接的な効力を、裁判所はほとんど発揮していなかった。「勇ましく、賞賛に値する判決が下され、そして、何も変わらなかった。議会と執行府が、裁判所と連携するかたちで行動して初めて、これらの領域における変化は起こった。したがって、司法の効力に関して、ブラウン判決とそれに続く諸判決が表すのは、裁判所は大規模な社会変革を生み出せないということである」[34]。

（3）ブラウン判決は人種統合の実現に間接的に大きな影響を与えたのか

　ブラウン判決が政治部門や市民に影響を与え、間接的に人種統合を実現したという可能性についてはどうか。ブラウン判決があったから、立法府や執行府が行動した[35]。立法府や執行府を動かした黒人達の政治運動のお膳立てをしたのは、ブラウン判決である[36]、等々。

　これもRosenbergは否定する。証拠がない、と。

(ⅰ) 政治部門

政治部門への影響について、Rosenberg は、1957、1960、1964 年の Civil Rights Act、1965 年 Voting Rights Act 等、市民的権利に関する法律の成立過程における討論や、大統領の言動を精査する。しかし、議員や大統領が、市民的権利立法の導入とそれに対する支持の理由として、裁判所の判決について何かしらを述べた形跡は、ほとんどない[37]。

連邦議会の議事録その他の資料を詳細に調べても、ブラウン判決に誰かが言及したという記録は、極めて少ない。例えば、1964 年 Civil Rights Act の制定にかかる何千ページにも及ぶ上院の討論の記録の中で、ブラウン判決への言及は数十回にとどまる。確かに法案の合憲性や修正第 14 条に関わる議論が中心であったが、それはブラウン判決に触発されたものではなかった。

また、Eisenhower、Kennedy、Johnson 大統領の公的言明を調べても、執行部が行動する理由として連邦最高裁の判決に触れているものは見つからなかった。

裁判所の判決があったから市民的権利に関わる法案が提出され成立したのではない。議員や大統領は、目の前の暴動や選挙に対応するために、行動したのである。

(ⅱ) 市民

市民への影響があった、なかったことを論証することは困難ではある。ただ、当時の世論調査を見る限り、大多数のアメリカ白人は、裁判所について、あるいはその行動についてあまり知らなかった。知らないものに影響を受けるとは考えづらい。また、連邦最高裁の判決により市民的権利関連の報道が増えたわけでもない。世論調査が示すのは、市民に影響を与えたのはバス・ボイコットやデモ、暴動等だったということである[38]。

黒人市民についてはどうか[39]。様々な調査が明らかにするのは、自身の権利を求めた黒人市民達は、ブラウン判決についてまったく知らない場合が多かったということである。知らないものに突き動かされるとは、考えにくい。黒人向けの新聞報道はブラウン判決をあまり取り上げてないし、そもそも黒人の 3 分の 1 は新聞を読まず、テレビも見ていなかった。

差別撤廃運動の火付け役がブラウン判決だったという説明にも、証拠がな

い。ブラウン判決の直後にデモ行進が増えたわけではない。データを見ると、影響を及ぼしたのは、モンゴメリーのバス・ボイコットや座り込み運動、バーミンガムで始まった各地のデモ行進であるとの説明の方がしっくりくる。

それでは、市民に大きな影響を与えたそれらの運動は、ブラウン判決に触発されたのではないか。これも、証拠がない。

ブラウン判決を市民的権利運動の火付け役とするストーリーは、例えば、次のようなものである。「ブラウン判決によって、差別撤廃の気運が高まり、そこに Rosa Parks の事件が起きた。この事件を発火点としてそれまで誰も予期していなかったバス・ボイコット運動が起こる。この運動は、Martin Luther King Jr. という偉大な指導者を得て、世界中が注目する運動となり、そして成功を収めた」。しかしながら、このストーリーは、判決以前から草の根的に行われていた運動を無視している。

例えば、モンゴメリーには、1940年代及び1950年代初頭、黒人の市民的権利を求める多くの組織が存在していた。そのうちの一つ、WPC（Women's Political Council）は、1949年にバスにおける差別的待遇の不当性を訴え、1953年には最初のバス・ボイコットを計画している。代表である Jo Ann Robinson は、Rosa Parks の逮捕を知ってすぐに徹夜でビラを作成、配布し、ボイコットに大きな貢献をした。彼女がこのような行動をとったのは、自身が以前から継続的に経験してきた屈辱的な扱いを動機とするものである。WPC による運動及び計画はブラウン判決前に存在し、WPC その他の運動指導者が刺激を受けたのは、1953年夏のルイジアナ州バトンルージュ市でのバス・ボイコットの成功例であったという。これはブラウン判決以前の成功例である。また、Martin Luther King Jr. 牧師は、ブラウン判決について以下のように述べている。ブラウン判決はなぜモンゴメリーでバス・ボイコットが起こったのかを説明することはできない。あの危機は、連邦裁判所によって作り出されたのではない、と。

その他運動の歴史に関する詳細な検討から、ブラウン判決はバス・ボイコットにほとんど影響を及ぼしていない、と Rosenberg は結論する。

Rosenberg は、バス・ボイコットと同様に、1960年代のリトル・ロック危機、座りこみ運動、フリーダム・ライドその他の運動やデモについても詳細な

検討を行い、ブラウン判決はこれらの運動に対しても影響を及ぼしていない、とする。King 牧師をはじめ、運動を始めたり指導したりした人々の自伝、伝記などの著書やその他の発言を調べても、最高裁判決を彼らの行動の理由の一つとして語ったり、書き留めているものはほとんど見当たらない。

例えば、坐りこみを始めた4人の学生の行動のきっかけは、ニューヨークからグリーンズボロに帰ってきてからバスターミナルで食事の提供を拒否された時や、北部から家に帰ってきて改めて人種分離した施設を見た時などに感じた怒りであった。バス・ボイコットに大きな貢献をしたWPCのRobinsonがそうであったように、彼らは自らが経験した抑圧をきっかけとして、自ら行動したのである。

Rosenberg は次のように結論する。「連邦最高裁の行動に影響を受けた人々が一部にいたことは確かであろう。しかし、この影響が広範囲に広がった、あるいは市民的権利を求める闘争にとって非常に重要だったという証拠は見つからなかった」[40]。ブラウン判決の推進力は、一部の法廷戦略を強化したにとどまり、市民的権利を求める運動全体に影響を及ぼしたわけではなかったし、連邦議会や大統領にも影響を与えていなかった。つまり、連邦最高裁が下した判決は、具体的事件を超えて人種統合・差別撤廃の促進に大きな影響を与えたとは言えないのである。

（4） 連邦最高裁判決の影響以外に説明の仕方はないのか

しかし、である。連邦最高裁はブラウン判決等、市民的権利を実現するために行動した。そして、その後大きな変化が起こった。このことを一体どう説明すればよいのだろうか。

Rosenberg は、様々な観点から歴史を精査し、次のような説明を行う。市民的権利の実現を推進する力は、連邦最高裁の行動とは別個のものとして存在していた。そして、その推進力が、議会と執行府の行動、そして連邦最高裁の行動を導いたのだ、と[41]。それは、第二次大戦後の黒人の経済力の向上であり、人口移動による黒人の組織化や選挙に対する影響力の増大であった。例えば、黒人の多くは、連邦議会と大統領の選挙にとって決定的に重要な州に移り住み、キャスティング・ボートを握ったのである。

他にも、Rosenberg は、冷戦下でのアメリカの立場や黒人の識字率の向上、マスコミの普及などを挙げながら、以下のように述べる。

> これら全ての要素——1930 年代からの市民的権利を求める力の増大、経済変化、冷戦、人口移動、選挙への影響、マス・コミュニケーションの発達——が結合して、市民的権利の実現を推進する力が生まれた。連邦最高裁は、この推進力に影響されたのであって、推進力を生み出したのではない。

裁判所の貢献を示す証拠がないこと、及び社会的、経済的、政治的変化とその影響を考え合わせると、「市民的権利に関わる状況の変化は、連邦最高裁の行動がなくとも実現したように思われる」[42]。

(5) 「当たり前」ではないこと

Rosenberg が検討の対象としているのは、ブラウン判決と市民的権利の領域だけではない。彼は、女性の権利（Roe v. Wade を中心とした検討）についても多くの紙面を割き、また、環境、議員定数配分、刑事手続の分野についても、大規模な変革において裁判所が果たした役割について検討を行っている。そして、いずれについても裁判所は大した役割を果たしていないと結論する。連邦最高裁がアメリカ社会の変革を実現した、あるいは変革の実現に大きな役割を果たしたとの理解が、アメリカでは一般的に共有されている。だからといって、その理解が真実であることが保障されるわけではない。

Rosenberg の検討は、連邦最高裁がアメリカ社会の変革を実現した、あるいは変革の実現に大きな影響を与えたと言うために必要な証拠は何か、という視点を基本的な出発点としている。その上で、変革に大きな影響を与えたとの命題を論証するための証拠を探索し、「証拠はない」という結論を導いているのである。

3. 論証のハードル

(1) Klarman の見解

Rosenberg は決して誰も真似ないよう独断的検証やそれに基づく主張をしているわけではない。市民的権利の実現においてブラウン判決が重要な役割を

担ったとの理解を当然の前提とせず、膨大なデータや資料を基に考察を行った論者は、彼以外にもいる。

　Klarman は、連邦最高裁が学校の人種統合について下した決定が市民的権利運動を決定的に鼓舞したとの理解は誇張されている可能性がある、とする[43]。そして、ブラウン判決と市民的権利運動、そしてその後の社会変化について、当時の新聞、世論調査など多くの資料やデータに基づく綿密な調査を行う。彼は、南部各地を中心にそこで具体的に何が起こっていたのかという視点から、様々な訴訟や事件、そして運動家、弁護士、州知事、上院議員、市長、教育委員会委員、連邦裁判官、一般市民など様々な人の発言などにも注目しながら、ブラウン判決の影響について考察している[44]。

　Klarman は、ブラウン判決が引き起こしたのは、人種差別立法の違憲性を訴える訴訟の増加とその失敗、および判決に対する反動として起こった南部白人の右傾化・過激化と暴力であったと言う。訴訟戦略は市民的権利の広範な実現を導くことができず、黒人達は、訴訟戦略ではなく、デモなどの直接行動にシフトした。そして、特に重要視されるのが、南部白人の右傾化・過激化は市民運動に対する暴力的な抑圧を生み、その様子がテレビ等のメディアに流れることによって、北部白人市民の考え方を劇的に変えたということである。政治状況の変化により議会や大統領は市民的権利の実現のために動き、これによって事態は市民的権利実現の方向に一気に加速することとなる。

　ブラウン判決は人種統合を直接には実現していないし、白人市民の考えを変えたり黒人市民を勇気づけたりもしていない。ブラウン判決が市民的権利の実現に与えた影響は、判決が南部白人の右傾化・過激化を招くことで暴力を生み、それがメディアを通じて全国に流れることにより状況が変わったという、あまり手放しで賞賛することのできない影響であった。

　当時の世論調査を見ても、ブラウン判決以後に人種別学に対する意見を変えた人はほとんどいなかった。それどころか、南部においては連邦最高裁に対する激しい非難が次々と起きたのである。北部ではこのような傾向はなく、多くがブラウン判決を賞賛、支持した。しかしながら、人種差別への嫌悪感や平等への意識はブラウン判決前に芽生えており、当時の世論調査を見てもブラウン判決後に北部の白人達の意識が大きく変わったとは言えない。つまり、ブラウ

ン判決を支持したのは元々差別に反対していた人たちなのである。

RosenbergとKlarmanの見解がまったく同じだというわけではない。Rosenbergは、Klarmanについて、「彼もまた、ブラウン判決の影響力を過大評価している」と言う。例えば、市民的権利立法の推進力となった暴力的抑圧の原因はブラウン判決ではなく、市民運動そのものであった。「暴力とそれに続く市民的権利立法の成立は、ブラウン判決がなくとも起こった」[45]、と。

ただ、両者は、ブラウン判決は市民的権利の実現において従来考えられていたような重要な役割を担ったわけではない、あるいは従来ブラウン判決が過大評価されていたことについては同意している[46]。

(2) 論証のハードル

RosenbergのThe Hollow Hopeのアメリカでの反響は、非常に大きかった[47]。批判は当然のように生じた。ただし、批判の仕方との関連で留意すべきことがある。

第1に、ブラウン判決の影響力に関するRosenbergの見解に批判的な論者は、必然的に「ブラウン判決は市民的権利の実現に対して重要な影響を与えた」と主張することになる。しかし、「ブラウン判決には実際に社会変革を促すような影響力があった」という言明[48]は、それ自体ではRosenbergに対する論理的批判とはなりえない。彼は、そのような言明を前提とした上で、「それは本当か」との問いを提示し、検討を行っているからである。これは、従来言われていたものとは異なる影響があったと主張[49]しても同じである。Rosenbergは言うだろう。「だから、その影響があったという証拠はどこにあるのか」、と。

第2に、Rosenbergが提示したデータが不十分または不適切であるという批判がある。例えば、彼は「自分が提示したデータが選択されたものであるという疑いを克服するだけの、十分なデータを提示していない」といった批判である[50]。ただ、この場合、彼とは異なる結論を支持するのに十分な、あるいは適切なデータを提示する必要があるだろう。

第3に、データによる論証の方法そのものに対する批判がある。例えば、ブラウン判決は非常に大きな道徳的な力を有していたが、「この類の影

響は、定量化に向かない他の要素を軽視しながら、図表や補遺（charts and appendix）によって表される結果のみを計るような経験的方法によって明らかにすることはできない」[51]。あるいは、「社会変革は、決して直線的な因果関係の下にあるのではない（…）。そうではなくて、様々な要素が連携して社会的連関のネットワークに反応しているか否か、そしてそれはどのようにしてか、について分析を行わなければならない。（…）『データ』に頼るのは、誤りのもとである」[52]。以上のような批判は、社会変革に対する裁判所の影響力について、データによる論証を行うこと自体に誤りがある、と主張するのである[53]。ただ、この批判をする者は、「それでは、どのような論証の方法が妥当なのか」という問いに答える必要がある。

批判の仕方は様々であるが、Rosenbergの主張に対する批判と、彼とは異なる立場の論証は、別個の問題であることに注意しなければならない。「大規模な社会変革における司法の実効性に関するRosenbergの理論には説得力がないと述べても、それによって他の競合理論が正しいとされるわけではない」[54]。彼の主張の批判に成功したとしても、それ自体は「裁判所の影響は大きかった」との結論を積極的に論証するわけではない。「どこにその証拠があるのか」という問いは、生き続けるのである。

「影響力はあった」との言明を繰り返すだけでは、Rosenbergが示した様々な根拠に対抗しているとは言えない。根拠としてのデータが不十分あるいは不適切であるとの批判は、「十分なデータ」あるいは「適切なデータ」を提示した上で、裁判所の判決の影響力の存在を論証する必要がある。また、社会変革における影響の問題はデータに基づく考察になじまないと言うのであれば、データ以外の論証の仕方をより適切なものとして擁護し、それに基づく論証が必要となる。

「アメリカでは裁判所が大きな社会変革を導いた」と言うための論証のハードルは上がった。上げたのは、RosenbergやKlarmanである。

Rosenbergらの主張が妥当かどうかは、現時点ではわからない。ただ、少なくとも、「アメリカでは裁判所が社会変革を導いた」というのは、もはや当たり前のことではない、とは言えるだろう。日本においても、「アメリカでは裁判所が政策形成を強く推し進めた。日本の裁判所も同様の役割を果たすべき

である」といった主張がなされることがあるが、その主張のためには、前提となる事実認識についても何らかの正当化を行う必要が出てくるだろう。

第3節 まとめ

1. 司法理論と過去の評価

　Dworkin が、過去に裁判所は市民的権利の拡大において裁判所が非常に大きな役割を果たしたと考えている[55]一方で、Tushnet や Sunstein は、Rosenberg の考えに近い理解を採用している[56]。そして、その違いは、司法の役割に関わる立場の違いと密接に結びつく。また、Ely も、連邦最高裁、特に Warren コートが下した諸判決を、自身が提示する司法の役割論の根拠の一つとしている[57]。

　事実と規範は区別されるべきものであるとしても、彼らは同じ事実認識の下で異なる規範論を提示しているのではない。アメリカの裁判所が行ってきた実践についての事実認識の仕方が、既に異なっているのである。彼らは、過去の実践を司法理論の根拠の一つとしている点では同じである。あるべき裁判所像の相違は、過去の実践をいかに理解するのかについての見解の相違と密接な関係を持つのである。

2. すべて憲法解釈とつながっている

　第4章、5章で見たように、憲法解釈方法論は客観性や司法の役割の議論とつながっている。そして、司法の役割や権限に関わる司法理論は、政治部門の役割と関連させて議論される。ここでは、統治機関の役割分担が論じられ、あるべき裁判所像、政治部門像が問題とされている。憲法解釈を確定するのが裁判所だというのは、役割分担に関わる1つの立場であり、当然の前提ではない。

　そして、このような議論の背景には憲法が掲げる理念についての政治理論的な対立が存在する。これは権利や統治の一般理論であり、憲法が規定する統治機構全体が目指すべき目標に関わる政治理論の問題である。

第6章　裁判所の役割と政治理論、そして過去の評価――すべて憲法解釈とつながっている――　*157*

	客観性	憲法は何を定めているのか	憲法解釈の主体	裁判所の憲法解釈の仕方	憲法解釈に関わる司法の役割	統治の一般理論	過去に裁判所が果たした役割の大きさ
Ely	価値判断を合意と達成できない	プロセス	裁判所	プロセスに関わる判断	政治プロセスの秩序維持	多元主義	Warrenコートは政治プロセスの矯正について大きな役割を果たした
Tushnet	価値判断を合意と達成できない	価値	人民、政治部門	政治部門に判断を預ける	なし	人民中心主義	人種統合などの社会変革において果たした役割は大きくない
Dworkin	価値判断を合意なくても達成できる	価値	裁判所	深いレベルの道徳理論的な判断も行う	最善の解釈を示し、それに基づいて行動すること	立憲民主主義	人種統合などの社会変革において果たした役割は大きい
Sunstein	価値判断を合意なくても達成できる	価値	裁判所、政治部門	原則として大掛かりな理論は展開しない	完全には理論化されていない合意に基づく解釈、政治プロセスの秩序維持	熟議民主主義	人種統合などの社会変革において果たした役割は大きくない

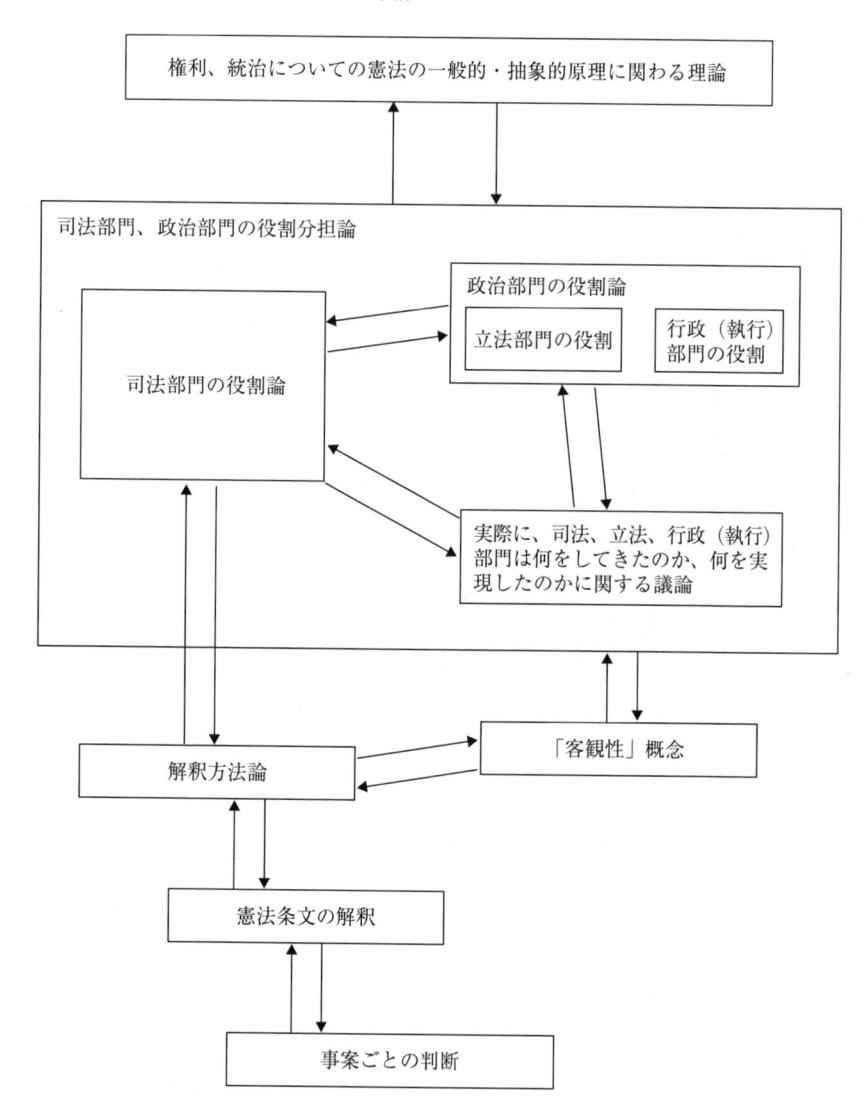

第2部 議論の対象となりうる事柄

```
権利、統治についての憲法の一般的・抽象的原理に関わる理論
```

司法部門、政治部門の役割分担論

- 司法部門の役割論
- 政治部門の役割論
  - 立法部門の役割
  - 行政（執行）部門の役割
- 実際に、司法、立法、行政（執行）部門は何をしてきたのか、何を実現したのかに関する議論

解釈方法論 ←→ 「客観性」概念

憲法条文の解釈

事案ごとの判断

理論の連関イメージ

＊あり得る1つのイメージに過ぎない。連関の仕方は様々であり得るし、連関の仕方自体、議論の対象となり得る。

また、司法の役割論は、過去の事実の評価の問題とも密接に関連する。

以上のような諸理論には、個別具体的なものから一般的、抽象的なものまである。ただし、一般的、抽象的な理論も実践と無関係に論じられているわけではない。むしろ、憲法解釈に関わる主張を正当化するために提示されているのである。

個別具体的な憲法解釈の背後には、一定の解釈方法論がある。そして、解釈方法論は、法解釈の「客観性」理解や、司法の役割論、司法部門と政治部門の役割分担を支える政治理論、過去の司法部門の行動の評価など、様々な理論に支えられることになる。これらの理論は、すべて憲法解釈とつながっているのである。

第4節　Posnerの理論批判

上に見た論者のうち、少なくとも、Ely、Dworkin、Sunsteinは、理論的に一貫した態度で憲法解釈に臨もうとしている。ElyやDworkinは、裁判所がある一定の態度で憲法解釈を行うための、解釈方法理論を展開している。Sunsteinも、完全な理論化は必要ないとする方法論自体は、理論的に正当化されるべきだと述べる。Sunsteinは、裁判所が大掛かりな一般的、抽象的な理論を展開することに否定的な立場を採る。ただ、それは理論の展開そのものの否定ではなく、裁判所と政治プロセスの役割配分の問題として語られている。

これに対して、Posnerは、理論の展開そのものに対する批判を行っている[58]。彼は、憲法理論の試みそのものが役に立たないと切り捨てる。ここで憲法理論とは、合衆国憲法の解釈を一定方向に導くための理論を展開し、憲法上の困難な事例に対する裁判官の判断に影響を与えようとするものを指す[59]が、これらの理論は、視野が狭くて、語るべき問題を語っていないために、実践では役に立たない。Posnerによれば、憲法解釈の問題は、究極的には、政治的、経済的あるいは社会的な問題である。それなのに、「憲法学者は、彼らが検討の対象とすべき、複雑な政治的、社会的、そして経済的な現象についてほとんど何も知らない。彼らが知っているのは事例だけなのだ」[60]。

つまり、現在提示されている憲法理論の枠組みの中に、政治、経済、社会的な考慮が含まれていないということである。それでは、それらの問題をすべて含めた判断を行える憲法理論ができたらどうだろうか。しかし、それでも問題は解決しない。Posnerによれば、現実の裁判官にそのような複雑な判断を行うことは不可能である。事例を適切に判断するために必要な知識をすべて有するような裁判官は、存在しない[61]。

では、裁判官はどのように判断を行うべきなのか。Posnerが推すのは、プラグマティストとしての裁判官である[62]。事例に判断を下す場合は、理論に拘泥するのではなく、個々具体的な事案を正面から見つめる必要がある。その上で、自分の知識の限界を意識しながら、現在及び将来について考察を行うべきなのである。過去の事案との原理的一貫性に縛られる必要はない。

ただ、以上のような主張は、一つの憲法理論として理解できないだろうか。つまり、「方法論としてのプラグマティズムそれ自体が憲法理論であり、裁判官がいかに事例を判断すべきかについて主張する点で他の理論と競合している」[63]のであり、原理レベルでの一貫性の問題は無視して良いとする立場それ自体が、裁判官が憲法をいかに解釈し適用するかに関する理論となっている、と。

Posnerは、そのような理解の仕方を否定はしない。そして、理論的な問題からまったく自由に憲法問題を論じられるとは考えていないと言う。しかしながら、Posnerには、自分の理論が他の理論よりも妥当である、といった議論をするつもりはない。「それぞれの理論の弱点を指摘することは可能であるけれども、私は、憲法上の決定に関わる競合する諸理論のうち最も適切なのはどれかを決めるための、知的ツールの存在を信じていない[64]。」

以上のような主張については、Tushnetと共通する部分もあると思われるが、本書ではPosnerとTushnetの主張の異同について、検討はしない。また、Posnerの主張の背後にある司法理論等についても、検討は行わない。

ここで確認しておきたいのは、憲法解釈に関わる理論展開に否定的なTushnetやPosnerであっても、自己の立場の正当性は、論理的に語っているということである。結論を述べて話を終わらせているわけではなく、自分以外の人を論理によって説得しようとしているのである。

【第6章要約】
- 司法の役割を限定的に解する見解は、司法がすべきことではないことは他の統治部門がするものと想定している。実体的判断は立法府の判断をもって最終判断とする（Ely）。憲法判断は、市民とその負託を受けた政治部門が行う（Tushnet）。深いレベルの理論的対立に決着をつけるのは、政治部門である（Sunstein）。それぞれが裁判所と政治部門の役割分担について別個の立場を採っているのである。司法部門を原理のフォーラムと解するDworkinについても、なぜ政治部門が原理について議論する場所として適切でないのかを語る必要があるだろう。そして、各々の立場の背後には、それらを支える各種の政治理論が存在する。

- また、司法の役割に関わる議論は、実際に司法部門は何をしてきたのかといった事実認識についての議論とも結びつく。もちろん、規範と事実は区別される必要はあるが、司法に関わる規範レベルの議論は、過去の裁判所の実践に関わる事実認識レベルの議論と無縁ではいられない。例えば、司法に一定の役割を期待する場合、過去に実際に成功したことを継続または復活すべきだという議論と、過去に成功例はないがこれからは行うべきだという議論は、理論構成の仕方自体が異なる可能性が大きいと考えられる。

- アメリカでは、ブラウン判決を代表とする連邦最高裁の行動がアメリカ社会を大きく変えたと主張されることがある。しかし、一方で、連邦裁判所の行動が社会に与えた影響は大きくなかったという主張もある。RosenbergやKlarmanがその代表である。彼らは、連邦裁判所の行動がアメリカ社会に大きく好ましい影響を与えたという証拠はあるのか、と問う。そして、膨大な資料を基礎にして、その証拠が見つからないと述べるのである。アメリカ社会の変革は、裁判所によってではなく、黒人の経済力の向上や人口移動、選挙に対する影響力の増大、報道など、様々な要因によって導かれたのだ、と。

- Rosenbergらの主張が妥当かどうかは、現時点ではわからない。ただ、少なくとも、「アメリカでは裁判所が社会変革を導いた」というのは、もはや当たり前のことではない、とは言えるだろう。日本においても、「アメリカでは裁判所が政策形成を強く推し進めた。日本の裁判所も同様の役割を果たすべきである」といった主張がなされることがあるが、その主張のためには、前提となる事実認識についても何らかの正当化を行う必要が出てくるだろう。

- 個別具体的な憲法解釈の背後には、一定の解釈方法論がある。そして、解釈方法論は、法解釈の「客観性」理解や、司法の役割、司法部門と政治部門の役割分担を支える政治理論、過去の司法部門の行動の評価など、様々な理論に支えられることになる。これらの理論はすべて憲法解釈とつながっているのである。

162　第2部　議論の対象となりうる事柄

注

1) Dworkin1986, 370-371.（邦訳566-568頁）。
2) Dworkin1996a, 12,（邦訳18-19頁），34.（邦訳46-47頁）。
3) Dworkin1997, 360.
4) Dworkin1996a, 12-35.（邦訳18-48頁）。
5) Dworkin1996a, 34.（邦訳47頁）。
6) Dworkin1996a, 12.（邦訳19頁）。Sunstein は、Dworkin が、裁判官は権利について他の誰よりも良い判断をするという単純で準経験的な主張に依拠しているとした上で、この立場を支持する根拠が薄弱だと批判している。Sunstein1996b, 35.
7) Dworkin1996a, 1-38. Sunstein1993a, chap. 1, 5, Sunstein1996c, 7 n3.
8) これまでに参照した文献の他、Sunstein1993c, Sunstein2001a. また、森脇 2002。
9) Sunstein1999 も参照。
10) Ely1980, 151.（邦訳246頁）。Ely1996, 14.
11) Dworkin1996a, 34.
12) 長谷部2001, 419頁。
13) Sunstein1996a, 176. Tushnet1999a, 137, 145.
14) より詳しくは、拙稿「ブラウン判決は本当にアメリカ社会を変えたのか（一）（二・完）」山形大学法政論叢35号61頁、36号1頁（2006）。
15) Rosenberg1991.
16) Dwokin1996a, 12.（邦訳19頁）。
17) Sunstein1996a, 45.
18) Tushnet1999a, ch.6.
19) 347 U.S. 483（1954）. 松井2008、309頁以下参照。この訴訟は、カンザス、サウス・キャロライナ、ヴァージニア、デラウェアの4つの州における事件を統合したものである。また、同じ日に、連邦の管轄地であるコロンビア特別区の公立学校における人種別学も違憲（修正第5条違反）であると判断されている。
20) 349 U.S. 294（1955）.
21) Pressy v. Ferguson, 163 U.S. 537（1896）.
22) Muir v. Louisville Park Theatrical Association, 347 U.S. 971（1954）.
23) Mayor of Baltimore v. Dawson, 350 U.S. 877（1955）（海水浴場）, Holmes v. Atlanta, 350 U.S. 879（1955）（ゴルフ・コース）、Gayle v. Browder, 352 U.S. 903（1956）（バス）, New Orleans City Park Improvement Association v. Detiege, 358 U.S. 54（1958）（公園）（以上、すべて理由抜き判決（memorandum decision））。
24) Cooper v. Aaron, 358 U.S. 1（1958）参照。この判決は、リトル・ロックにおける抗議や騒動の中、下級裁判所による公立学校の人種統合命令に対し当地の教育委員会が提訴した事件

第 6 章　裁判所の役割と政治理論、そして過去の評価──すべて憲法解釈とつながっている──　*163*

に対する判決である。アーカンソー州はブラウン判決の当事者ではないため、州は同判決に拘束されないと主張。しかし、最高裁は、下級裁判所の命令の拘束力を支持し、連邦最高裁の判決が個別具体的な訴訟を超えた権威を持つことを強く示唆した。

25)　〈モンゴメリー・バス・ボイコット運動（Montgomery Bus Boycott）〉

　1955年12月1日、アラバマ州モンゴメリーのバスに乗っていた黒人女性 Rosa Parks が、白人に席を譲るようにとの運転手の命令を拒否したことで 人種分離を定めた市条例違反で逮捕された。

　逮捕への抗議としてモンゴメリーの黒人指導者たちは、12月5日に丸1日の乗車拒否を行うことを黒人たちに呼びかけることを決定。モンゴメリーのバスの乗客の75%を占める約4万人以上の黒人が、人種分離されたバスへの乗車を拒否し 徒歩や乗合の車に乗って通勤、通学した。ボイコット当日夕刻に開かれた集会で モンゴメリー改善協会（Montgomery Improvement Association）が結成され、指導者に Martin Luther King Jr. 牧師が選ばれる。1日の予定だったボイコットは無期限で継続されることになり、連邦最高裁が Gayle v. Browder, 352 U.S. 903（1956）で違憲判決を出すまで約1年間続いた。

　バス・ボイコットは、全米及び全世界に報道され 市民的権利を求める運動に大きな影響を与えた。無名の牧師であった King は大衆の広い支持を受けその後の市民的権利運動の代表的指導者となる。

26)　〈坐りこみ運動（Sit-ins）〉

　1960年2月、ノースカロライナ州グリーンズボロウで始まった、学生を中心に行われた人種分離への抗議行動。黒人が食堂の白人専用カウンターに坐り続けるという抗議行動で、4人の大学生が始め、徐々に支持者を増やした。学生は白人たちの暴力を受け、次々に警察に逮捕されたが、運動は拡大を続け、SNCC（Student Nonviolent Coordinating Committee 学生非暴力調整委員会）設立のきっかけとなった。

27)　〈フリーダム・ライド（Freedom Ride）〉

　1961年5月4日、CORE（Congress of Racial Equality 人種平等会議）によって始められた、黒人と白人がバスの同じ席に並んで座り、ワシントン DC を出発、南部を目指すという方法で行われた抗議行動。アラバマ州で白人に火炎瓶を投げ込まれ、激しい暴行を加えられて、中止となる。SNCC が後を引き継ぎ、再度行動を行うと宣言。Robert F. Kennedy 司法長官は、バスに乗る運動家（Freedom Rider）の安全を確保するために、南部州知事たちと取引（運動家たちを治安を乱す罪の容疑で逮捕することを許す代わりに、州兵が運動家たちを保護すること）。これにより、運動家たちはミシシッピ州ジャクソンで大量逮捕され運動は中止となる。

28)　例えば、Birmingham Demonstrations。
　〈Birmingham Demonstrations〉
　1963年4月、アラバマ州バーミンガムで King 牧師の指導の下に人種差別反対のデモが起こ

り、各地に拡大していった。人種間の暴動が起こり、連邦軍が派遣されるなどの騒乱状態となる。同年8月28日、20万人以上が参加したワシントン大行進が催され、Kingの有名な演説（"I have a dream"）が行われた。

29) Glickstein1980, 54.
30) Wilkinson1979, 6.
31) Rosenberg1991, 52.
32) Rosenberg1991, 54-71.
33) Rosenberg1991, 57-63.
34) Rosenberg1991, 70-71.
35) Cox1968, 27, Pritchett1964, 869.
36) Levin1979, 80.
37) Rosenberg1991, 118-124.
38) Rosenberg1991, 125-131.
39) Rosenberg1991, 131-155.
40) Rosenberg1991, 156
41) Rosenberg1991, ch.3, 5
42) Rosenberg1991, 169.
43) Klarman1994a, 81. また、Klarman1994c.
44) Klarman2004, chap. 7. 本書の詳しい紹介として、勝田2005。
45) Rosenberg1994, 163.
46) Rosenberg1994, 173
47) 管見の限りで、The Hollow Hopeを取り上げたレヴューに以下のものがある。Epstein1991, McDowell1991, Bachmann1992, Burnstein1992, Carter1992a, Sunstein1992, Devins1992, Gates1992, Holloway1992, Kastenberg1992, Kirp1992, Krislov1992, Lawrence1992, Powe1992, Scheppele1992, Simon1992, Skubik1992, Smith1992, Tarr1992, Grand Illusion1992, Delgado1993, Kahn1993, Schuck1993, Stumpf1993, Herman1994.

　本書を題材としたシンポジウムとして、MacCann1992, Feeley1992, Rosenberg1992a.

　また、公開討論会を基にした本として、Shultz1998. この本では、Rosenbergを含む法学系、政治学系の研究者が、様々な角度からThe Hollow Hopeとその後の論争で示された問題に取り組んでおり、8編の論考が掲載されている（執筆者の合計は12人）。

48) Carter1992a, 1221, Canon1992, 648-649.
49) Behedict 2006.
50) Krislov1992, Canon1998.
51) Grand Illusion1992, 1140.
52) Skubik1992, 539-540.

53) Sunstein1992, 49.
54) Schuck1993, 1786.
55) Dworkin1986, 389-392.（邦訳 592-596 頁）。
56) Sunstein1996a, 176. Tushnet1999a, 137, 145.
 Tushnet は Rosenberg や Klarman とまったく同じ立場をとるわけではない。彼らが言うよりは、ブラウン判決は市民の運動において重要な役割を果たしたと述べる。しかし、ブラウン判決を過大評価すべきではないとする点、ブラウン判決を連邦最高裁が有する社会的変革の能力を擁護するための強力な証拠として用いるべきではないという点は、合意している。(Tushnet1994, 173, Tushnet1999a, 145)
57) 例えば、Ely1980, 73-75.（邦訳125-127頁）。
58) 詳細は、拙稿「憲法理論は必要か」山形大学人文学部研究年報4号115頁（2007）。
59) Posner1998, 1.
60) Posner1995, 207-208.
61) Posner1998, 18, 22. これは、法的判断と政治的判断とを同視する立場についても当てはまる問題である。政治理論や政治科学を駆使しながら、今最も有力な政治的立場はどれかといった判断を的確に行うことのできる裁判官は、現実には存在しない（Posner1998, 8)。
62) Posner1996, 4.
63) Fallon1999, 573. この指摘を行う論者 Fallon は、以下のように述べる。「裁判官は、憲法理論と無関係ではいられないし、理論的一貫性の職責から逃れることはできない。誰にとっても、そして裁判官にとっても、少なくとも暗黙のうちに適切な方法論を前提としていないと、憲法に関わる議論を行うことは不可能である」(id. at 575)。
64) Posner1998, 18.

結　び
──憲法 13 条解釈をどうやって客観化するか──

【まとめ】
・客観的であるとはどういうことか
　→「議論」を経て解釈者集団内で説得力が共有され、正当化されている状態

・法解釈をどうやって客観化するか
　→事実と論理に基づく「議論」による正当化

・憲法解釈をどうやって客観化するか
　→事実と論理に基づく「議論」による正当化
　→その一手法として具体的条文の解釈の背後にある体系的思考（「憲法理論」）の提示

・裁判所における解釈適用を想定しつつ行われる憲法 13 条解釈をどうやって客観化するか
　→判例分析とそれを前提とした議論の展開
　　　…「判例」とは何か
　　　…憲法 13 条に関わる判例はどのようなものか
　　　…判例を基にどのような主張を行うか
　→背景理論を提示しつつ議論を展開
　　　…人権理論
　　　…解釈方法論
　　　…司法の役割論
　　　…統治に関わる一般理論（政治理論）
　　　…過去の事実の評価

結　び──憲法13条解釈をどうやって客観化するか──　*167*

1．客観化の手法

（1）　法解釈の客観性

「客観的」であるとはどういうことか。それは、事実と論理に基づく「議論」を経て、解釈者集団内で説得力が共有され、正当化されている状態である。これを前提とすると、法解釈の客観化のためには、事実と論理に基づいて相手の説得を試みる必要があり、「議論」による正当化プロセスへの参加が必須の条件となる。

（2）　議論の噛み合わせ

主張─反論─再反論というかたちで行われる議論が噛み合っていなければ、正当化のプロセスは適切に機能しない。噛み合わない批判や主張が散在している状況では、法解釈の客観化は図れないのである。

（3）　憲法解釈の客観化と「憲法理論」

憲法解釈についても、上記と同じ手法で客観化が図られるべきである。したがって、憲法解釈に関わる主張は、事実と論理に基づいて行われることになる。

そして、具体的条文の解釈の背後にある体系的思考（「憲法理論」）を提示することは、憲法解釈の正当化プロセスを機能させるために役立つ。解釈の背景にある基本理解が異なるがゆえに議論が噛み合わない場合は、その背景にある思考を理論として提示し議論の対象とすることが必要になるのである。

また、「違憲の疑いがある」といった言明は、主張の意図がはっきりせず批判がしづらいことから、反論可能性が低い。この点で、結論をはっきりと明示するよう求める厳格憲法解釈の提言は、「議論」による正当化プロセスを機能させるための条件を示していると見ることもできる。

2. 裁判所における解釈適用を想定しつつ行われる憲法13条解釈をどうやって客観化するか

(1) 現　状

　本書は、従来の憲法13条を根拠とした権利に関わる学説の議論が、裁判所による救済を念頭に置いていると想定する。その上で、従来の学説は、判例と噛み合っていないし、そもそも学説同士の議論も噛み合っていないことを見た。このまま噛み合わない議論を続けても、憲法13条解釈が客観化されるとは考えにくい。

(2) 判例分析とそれを前提とした議論の展開

　裁判所による解釈適用を想定するのであれば、判例の分析をきちんと行い、それを前提にした議論を展開すべきだろう。判例が公的な権威をもつこと、学説は私的な提言に過ぎないことを、研究者はしっかりと意識すべきである。判例を前提としつつ行う憲法13条解釈においては、「判例」とは何か、憲法13条に関わる判例はどのようなものか、具体的事案において判例を基にどのような主張を行うか、といった論点が想定されうる。もちろん、何を論点とすべきか自体、議論の対象となる。

(3) 「憲法理論」を提示しつつ憲法13条解釈論を展開

　憲法解釈は、事実と論理に基づかなければならない。事実と言っても、解釈の論理的正当化に必要な事実だけに意味がある。論者の研究歴や人物評価などは、一切考慮に入れてはならない。例えば、「〇〇先生は素晴らしい人格者だった」とか「最近の若い研究者は…」といった言明には、まったく何の意味もない。

　論理の点に着目すると、解釈には論理性、体系性が必要となる。そして、提示された解釈論に対する批評を行う際は、批評の対象となる解釈論の理論構造をきちんと捉える必要がある。従来の学説にも、論者の理論体系の中に憲法13条解釈が収まるかたちで主張が行われているものはあった。憲法13条解釈の背後に人権理論や解釈方法論があり、それが明示されていたのである。それ

ら理論の存在を無視あるいは軽視して行われる議論は、噛み合わないものとなる。

　もちろん、憲法解釈の論理的正当化のためにどのような理論が必要なのかは、それ自体議論の対象となる。例えば、人権の基礎づけに関わる道徳理論は憲法解釈の論理的正当化に用いるべきでない、という立場もありうる。そのように考えると、いかにして憲法解釈を行うかという方法論は、憲法解釈の不可避の前提として、議論の対象となるだろう。

　そして、裁判所による解釈適用を前提とすると、解釈方法論は裁判所の役割、権限等に関わる司法理論と結びつく。

(4) 憲法解釈方法論と結びつく理論

　アメリカの議論を参照すると、憲法解釈方法論は、様々な議論と結びつくことがわかる。それは例えば、憲法解釈が想定する客観性の問題であり、司法の役割論であり、統治に関わる一般理論であり、過去の裁判所の実績の評価である。

　憲法13条解釈の議論も、以上のような理論と結びつく可能性があることになる。Ely理論を採用しつつ憲法13条解釈を行ったのが松井説であるが、ここには司法の役割論などElyが前提とする様々な一般理論が存在する。ただ、Ely理論はあくまで方法論なので、この採用が松井説の結論に直結するわけではない（政治プロセスのための自己決定権保障という論証が成り立つ可能性もある）。

　Dworkin理論を採用すれば、例えば、佐藤説のように、憲法13条解釈を道徳理論によって正当化することになるだろうか。阪本説は「道徳」による正当化を避けようとするが、自由の一般理論やこれに基づく人権理論が憲法13条解釈を正当化するという構造をとる点では、佐藤説と類似する。

　これに対し、Sunsteinの立場を採用すると、少なくとも裁判所による解釈適用を前提とする憲法13条解釈において、一般的、抽象的理論を展開することは好ましくない。判例に基づき、必要最小限の理論化で事案を判断することになるので、なるべく従来の判例の枠組みに沿った憲法13条解釈をすべきだということになるだろうか。つまり、判例が示す「私生活上の自由」のもつ意

味についてあまり深く突っ込んだ議論（例えば、「自由とは何か」といった議論）をせずに、ある利益が「私生活上の自由」に含まれるかどうか、公共の福祉に基づく制約として妥当かに議論を絞って、憲法 13 条解釈を行うことになる。

また、政策的考慮に基づいて憲法 13 条解釈を行うべきだとすれば、少しだけ紹介した Posner のように、政治、経済、社会的判断を裁判所が正面から行って良いとする理論を前提とすることもできるだろう。

Dworkin らの憲法解釈方法論は、あくまで考え方の例であって、日本国憲法の解釈方法については、別途考える必要がある。そして、その解釈方法の論じ方についてもまた、議論の対象となるだろう。

これらの議論は、当然、論理的に行われる。法解釈における一般的、抽象的理論の役割に懐疑的な立場を採るとしても、その立場自体は論理的、理論的に論じられるべきである。本書で検討の素材としたアメリカの論者は、それぞれ立場は異なるけれども、理論の展開に懐疑的な立場も含め、すべて自己の立場の正当性を論理的に語っている。結論部分を述べるだけで話を終わらせる論者はいない。自分以外の人を、論理によって説得しようとしているのである。

憲法解釈の客観性とは何か、裁判所はどのようにして憲法を解釈すべきなのか、司法が担うべき役割は何か、憲法が目指すのはどのような統治のかたちか。憲法 13 条解釈に関わる議論は、まだ論じることが残っている。

法哲学の領域で行われるような議論に踏み込むことを嫌う論者もいるだろう。しかし、その立場を論理的に正当化しようとしたら、少なくとも法哲学「的」な議論はやらざるを得ない。憲法解釈が論理に基づく議論をしようと思うなら、その議論は最終的には法哲学的な議論の領域に踏み込まざるを得ないのである。

（5）裁判所以外の憲法解釈

本書は、裁判所による憲法解釈を想定しつつ検討を行った。ただ、Tushnet や Sunstein の理論がそうであったように、憲法解釈と裁判所による救済は、別の問題として成立しうる。これは日本国憲法の問題でも同じである。例えば、「基本的人権」の内容の問題と、保障を実現させるための制度論的・手続

論的な問題は、独自の理論的課題として成立しうる[1]。

憲法81条を持ち出したとしても、これは変わらない。憲法81条は、裁判所が違憲審査権を持つことは規定する。しかし、審査権を裁判所がどのように行使すべきかについて、条文は語らない。憲法の理念の実現のために裁判所が何をどこまですべきなのかというのは、解釈問題なのである。

憲法上の権利と裁判所による救済を別の問題とすると、第1に、憲法上の権利の内容を問題にする時は裁判所の権限、役割を考慮に入れずに議論することが可能である。しかしながら、第2に、その権利の裁判所による救済を問題にする場面では、裁判所の権限、役割を問題とせざるを得ない。そして、第3に、裁判所の救済の権限が及ばない憲法上の権利の存在を想定することになり、その権利の裁判所以外の国家機関による実現を視野に入れることになる。

そして、第3についても、1つの憲法解釈論として成立する余地は十分にある。例えば、憲法25条の生存権の実現は国会等の政治部門を含めた統治機構全体を通じて図られるべきであると、理解する。この理解に立てば、憲法上の権利である生存権の実現には、裁判所による実現と政治部門による実現の両方が考えられることになる。したがって、憲法25条の趣旨をいかに実現するかに関わる憲法学的提言は、生存権の裁判所による実現だけではなく、政治部門による実現をもその射程に入れることになるだろう。このような視点から見れば、政治部門の施策に関して「生存権を具体化する制度それ自体を問う」[2] 視点から、望ましい社会保障制度のあり方について検討を行なうことは、憲法25条の趣旨の実現に向けた提言であるという点で、裁判所による実現を前提とした25条の「裁判規範性の論証や違憲審査基準の精緻化」[3] と同様の性質を持つことになる。

憲法13条との関係では、例えば、立法による人権保護の観点から、プライバシー保護のための制度設計について論じることも考えられる。憲法学的提言の目的が権利の保護にあり、裁判所による救済それ自体に目的があるわけではないとすれば、立法政策的提言についても、憲法13条解釈の問題に含みうるだろう。

3. 学説の存在意義

　憲法13条解釈の客観化は、「議論」による正当化プロセスを経て行われると、本書は想定する。その実現のためには、正当化プロセスが適切に機能する必要があり、適切な機能のためには、噛み合わない議論は行うべきではない。議論を噛み合わせるためには、憲法13条の背景にある思考をも理論として提示しながら、主張を組み立てる必要がある。背景理論には、人権理論や解釈方法論の他、司法の役割論やそれを支える政治理論、あるいは過去の評価等も含まれる。

　学説の存在意義について、一般的に語ることはできない。結局は、個別の学説について判断するしかないだろう。ただ、論理的であるか、批判として適切かといったチェック自体が既に「議論」のプロセスに含まれると考えれば、憲法13条解釈を提示する学説は、憲法13条解釈に関わる「議論」に参加するものであり、解釈の客観化に、程度の大小は別として、資するとは言えるかもしれない。

　問題は、「議論」を行う解釈者集団として誰を想定するのかである。学者だけなのか、実務家を含めて考えるべきなのか、あるいは専門家ではない市民も含むのか。学者だけで議論を行い、そこで通説とされたものが裁判所で採用され、市民もそれに従うという想定は、いくら何でも能天気すぎるだろう。鑑定人としての意見ですら、裁判官を拘束するわけではない。訴訟等の当事者とならない限り、学者はただの評論家にすぎないことを肝に銘じるべきだと、私は思う。

　裁判所に見向きもされない学界の通説より、裁判所の判断に影響を与える力をもった学界の少数説の方が、実務レベルの解釈には役立つ。そう考えると、少なくとも、裁判所での解釈適用を念頭に置いた憲法解釈は、実務家を説得するという視点を持ちながら行われるべきだろう。本書が学説と判例の距離を気にかける背景には、そのような考えがある。

　さらに進めれば、専門家以外の市民の説得も視野に入れる必要もあるだろう。憲法は国内にいる人々に平等に適用されるからである。ただ、その議論の仕方の問題は、本書の射程の外にある。

4. 結　び

　本書は、「憲法13条解釈に関わる議論をもっときちんとしよう」と主張し、「このような解釈の手法はどうでしょう」と提案するだけのものである。

　私自身の憲法13条解釈が示されているわけではない。ただ、今後私自身の憲法13条解釈が示されなかったとしても、本書で提示した解釈の手法は、1つの提案として成立すると思われる（その評価は別にして）。

　憲法13条解釈に関わる学説についての私の指摘は、間違っている、あるいは意味がない可能性もある。例えば、学説の議論は噛み合っていて、裁判所は常に学説の動向を気にするほどの影響力を、学説が実務に対して持っているのかもしれない。

　そうだとすれば、それは間違いなく良いことだ。

注
1) 土井1998、142-143頁。市川1998、329頁も参照。
2) 尾形2002, 30頁。
3) 尾形2002, 28頁。尾形は、従来の憲法学が「専ら憲法25条の裁判規範性の論証や、『福祉のための権利』の裁判過程による実現に終始した面」があったとし、「こうした学説の展開が、生存権そのものの理念的根拠づけや、制度論あるいは政策論レベルでの権利論の展開可能性などといった視点を欠いてきた点は、看過されるべきではない」と言う。尾形2000, 92頁。

文献一覧

青井秀夫　『法思考とパタン』（創文社、2000）
碧海純一　「戦後日本における法解釈論の検討」恒藤恭古稀祝賀『法解釈の理論』（有斐閣、1960）
碧海純一　「合理主義と法解釈論」ジュリスト940号61頁（1989）
芦部信喜　「憲法判例の学び方」別冊ジュリスト・芦部信喜編『憲法判例百選（初版）』5頁（有斐閣、1963）
芦部信喜　『憲法訴訟の現代的展開』（有斐閣、1981）
芦部信喜　『憲法制定権力』（東京大学出版会、1983）〔1983a〕
芦部信喜　「司法における権力性」岩波講座『基本法学6　権力』（岩波書店、1983）219頁〔1983b〕
芦部信喜　「包括的基本権条項の裁判規範性」『法学協会百周年記念論文集（2）』（有斐閣、1983）55頁〔1983c〕
芦部信喜、橋本公亘、小林直樹「憲法解釈と憲法学」芦部ほか『憲法をどう学ぶか』（有斐閣、1984）35頁
芦部信喜　「序論　憲法訴訟論の課題」芦部信喜編『講座憲法訴訟第1巻』（有斐閣、1987）1頁
芦部信喜　『憲法学II』（有斐閣、1994）
芦部信喜　『憲法〔第4版〕』（岩波書店、2007）
安部圭介　「著書紹介：Gerald N. Rosenberg, The Hollow Hope」1995アメリカ法219頁
アメリカ学会訳編『原典アメリカ史　第六巻』（岩波書店、1981）
新井英樹　『真説　ザ・ワールド・イズ・マイン　第1巻』（エンターブレイン、2006）
蟻川恒正　「自己決定権」ジュリスト増刊『憲法の争点〔第3版〕』（有斐閣、1999）74頁
安藤次男　「1964年公民権法と大統領政治」立命館国際研究13巻3号（2001）171頁
安藤次男　「ケネディと1963年公民権法案」立命館国際研究14巻3号（2001）31頁
市川正人　「違憲審査制と民主制」佐藤幸治、初宿正典、大石眞編『憲法50年の展望II　自由と秩序』（有斐閣、1998）281頁
市川正人　「最近の『二重の基準論』論争をめぐって」立命館大学政策科学3巻3号3頁（1996）
井上達夫　『共生の作法』（創文社、1986）
井上典之　「『自己決定権』という憲法上の権利について（1）」神戸法学雑誌49巻3号99頁（2000）
岩間昭道　「『憲法変遷』についての一試論」芦部信喜還暦『憲法訴訟と人権の理論』（有斐閣、1985）757頁
右崎正博　「住基ネット関連判例の総合的研究」法律時報79巻12号85頁（2007）
内田貴　『契約の再生』（弘文堂、1990）

内野正幸　「国益は人権の制約を正当化する」長谷部恭男編著『リーディングズ現代の憲法』（日本評論社、1995）39頁

内野正幸　『憲法解釈の論理と体系』（日本評論社、1991）

浦沢直樹　『MONSTER 第18巻』（小学館、2002）

大石眞・大沢秀介編　『判例憲法』（有斐閣、2009）

大林文敏　『アメリカ連邦最高裁の新しい役割』（新評論、1997）

尾形健　「『福祉』問題の『憲法理論』(1)」法学論叢 147巻5号90頁（2000）

尾形健　「高齢者医療制度改革の構想」法学論叢 150巻1号27頁（2002）

岡村久道　「住基ネット関連判例の研究（上）（下）」NBL814号12頁、816号26頁（2005）

奥平康弘　「試論・憲法研究者のけじめ」法学セミナー369頁8頁（1985）

奥平康弘　""ヒューマン・ライツ"考」和田秀夫古稀『戦後憲法学の展開』（日本評論社、1988）117頁

奥平康弘　「『人権』と『憲法が保障する権利』のはざま」月刊司法書士 1992年12月号8頁

奥平康弘　『憲法Ⅲ』（有斐閣、1993）

甲斐道太郎　『法の解釈と実践〔新版〕』（法律文化社、1980）

甲斐道太郎　「『せつないまでの憧憬』再論」ジュリスト940号64頁（1989）

勝田卓也　「著書紹介：マイケル・J・クラーマン『ジム・クローから公民権へ』（一）（二・完）」大阪市立大学法学雑誌 52巻1号182頁、2号384頁（2005）

加藤一郎　『民法における論理と利益衡量』（有斐閣、1974）

金澤孝「Cass R. Sunstein の司法ミニマリズムに関する一考察(1)～(4・完)」早稲田大学大学院法研論集 109号25頁、110号81頁、111号51頁、112号29頁（2004）

川島武宜、来栖三郎、加藤一郎、潮見俊隆「座談会：法解釈の『科学性』」法律時報287巻51頁（1954）

川島武宜　『科学としての法律学』（弘文堂、1983）

君塚正臣　「大学における『比較憲法』の存在意義」関西大学法学論集第52巻第2号1頁（2002）

工藤達朗　「幸福追求権の保護領域」法学新報 103巻2・3号191頁（1997）（同『憲法学研究（尚学社、2009）に再録』）

来栖三郎　「法の解釈と法律家」私法11号16頁（1954）

小泉良幸　「自己決定と、その環境」山形大法政論叢 10号63頁（1997）

齋藤眞　『アメリカ現代史』（山川出版、1976）

阪口正二郎　「『リベラリズム憲法学と国家の中立性』序説」法律時報72巻12号97頁（2000）

阪口正二郎　『立憲主義と民主主義』（日本評論社、2001）

阪本昌成　「プライヴァシーと自己決定の自由」樋口陽一編『講座憲法学3　権利の保障〈1〉』（日本評論社、1994）219頁

阪本昌成　『憲法理論Ⅱ』（成文堂、1993）

阪本昌成　『憲法理論Ⅰ〔補訂第3版〕』（成文堂、2000）
佐々木允臣　「現代人権論と『修正された自然主義』―アラン・ゲワース」大橋智之・矢崎光圀・八木鉄男還暦『現代の法思想』（有斐閣、1985）329頁
佐々木雅寿　『現代における違憲審査権の性格』（有斐閣、1995）
佐藤幸治　『憲法訴訟と司法権』（日本評論社、1984）
佐藤幸治　「人権の観念」ジュリスト884号145頁（1987）
佐藤幸治　『現代国家と司法権』（有斐閣、1988）〔1988a〕
佐藤幸治　「日本国憲法と『自己決定権』」法学教室98号6頁（1988）〔1988b〕
佐藤幸治　「憲法学において『自己決定権』をいうことの意味」1989法哲学年報76頁（1990）〔1990a〕（同『日本国憲法と「法の支配」』（有斐閣、2002）に再録）
佐藤幸治　「人間の具体的生活の中の憲法」佐藤幸治・初宿正典編『人権の現代的諸相』（有斐閣、1990）2頁〔1990b〕（同『憲法とその"物語"性』（有斐閣、2003）に再録）
佐藤幸治　「個人の尊厳と国民主権」佐藤幸治、中村睦男、野中俊彦著『ファンダメンタル憲法』（有斐閣、1994）3頁〔1994a〕
佐藤幸治、樋口陽一、佐藤幸治、中村睦男、浦部法穂『注解法律学全集　憲法Ⅰ』245頁以下（佐藤執筆）（青林書院、1994）〔1994b〕
佐藤幸治　『憲法〔第3版〕』（青林書院、1995）
佐藤幸治　『現代国家と人権』（有斐閣、2008）
實原隆志　「人格的利益の自己決定（1）（2・完）」早稲田大学大学院法研論集99号55頁、100号117頁（2001）
渋谷秀樹　『憲法』（有斐閣、2007）
嶋津格　「客観と主観、発見の論理と心理」上原行雄、長尾龍一編『自由と規範』（東京大学出版会、1985）237頁
嶋津格　「秩序の希少性について」井上達夫・嶋津格・松浦好治編『法の臨界Ⅱ』（東京大学出版会、1999）
清水英作編　『世界各国史24　アメリカ史』（山川出版、1999）
清水知久、高橋章、富田虎男　『アメリカ史研究入門〔第3版〕』（山川出版、1988）
杉原泰雄＝奥平康弘＝樋口陽一＝影山日出弥＝阿部照哉　「シンポジウム・憲法学の方法」法律時報40巻11号（1968）4頁
杉原泰雄編　『講座憲法学の基礎3　憲法学の方法』（勁草書房、1984）
高井裕之　「幸福追求権」ジュリスト増刊『憲法の争点〔第3版〕』（有斐閣、1999）70頁
高橋和之　「すべての国民を『個人として尊重』する意味」塩野宏古稀『行政法の発展と変革』（有斐閣、2001）269頁
高橋和之　『憲法判断の方法』（有斐閣、1995）
高橋和之・長谷部恭男「はしがき」別冊ジュリスト・芦部信喜・高橋和之・長谷部恭男『憲法判

例百選Ⅰ（第四版）』（有斐閣、2000）

高見勝利　『宮沢俊義の憲法学史的研究』（有斐閣、2000）

竹中勲　「『新しい人権』の承認の要件」法学教室103号32頁（1989）（同『憲法上の自己決定権』（成文堂、2010）に再録）

竹中勲　「個人の自己決定とその限界」ジュリスト1022号33頁（1993）

竹中勲　「自己決定権の意義」公法研究58号28頁（1996）〔1996a〕（同『憲法上の自己決定権』（成文堂、2010）に再録）

竹中勲　「憲法上の自己決定権の意義」産大法学29巻4号25頁（1996）〔1996b〕（同『憲法上の自己決定権』（成文堂、2010）に再録）

竹中勲　「自己決定権と自己統合希求利益説」産大法学32巻1号1頁（1998）（同『憲法上の自己決定権』（成文堂、2010）に再録）

田中成明　「判例とは何か」ジュリスト別冊法学教室第2期第1号203頁（1973）

田中成明　『法的思考とはどのようなものか』（有斐閣、1989）

田中成明　『法理学講義』（有斐閣、1994）

田中英夫編著　『実定法学入門』（東京大学出版会、1974）

田中英夫　「判例による法形成」法学協会雑誌94巻6号1頁（1977）

田中英夫　（編集代表）『英米法辞典』（東京大学出版会、1991）

種谷春洋　「『生命、自由及び幸福追求』の権利（1）～（3）」岡山法経学会雑誌14巻3号55頁、15巻1号79頁、2号47頁（1964～1965）

田宮裕　『変革の中の刑事法』（有斐閣、2000）

辻村みよ子　「人権の観念」樋口陽一編『講座憲法学3　権利の保障〈1〉』（日本評論社、1994）11頁

辻村みよ子　『憲法（第3版）』（日本評論社、2008）

辻村みよ子編　『基本憲法』（悠々社、2009）

土屋清　『憲法学の新たなパラダイムを求めて』（成文堂、2010）

土井真一　「憲法解釈における憲法制定者意思の意義（1）～（4・完）」法学論叢131巻1号1頁、3号1頁、5号1頁、6号1頁（1992）

土井真一　「『生命に対する権利』と『自己決定』の観念」公法研究58号92頁（1996）

土井真一　「司法審査の民主主義的正当性と『憲法』の観念」佐藤幸治還暦『現代立憲主義と司法権』（青林書院、1998）115頁

戸波江二　「統治過程における『裁判』」ジュリスト884号134頁（1987）

戸波江二　「校則と生徒の人権」法学教室96号6頁（1988）

戸波江二　「自己決定権の意義と射程」芦部信喜古稀『現代立憲主義の展開　上』（有斐閣、1993）325頁〔1993a〕

戸波江二　「自己決定権の意義と範囲」法学教室158号36頁（1993）〔1993b〕

戸波江二　「校則と生徒の人権」法学セミナー 460 号 74 頁（1993）〔1993c〕
戸波江二　『憲法』（ぎょうせい、1994）
戸波江二　「幸福追求権の構造」公法研究 58 号 1 頁（1996）
戸波江二　「最高裁判所の憲法判例と違憲審査の活性化」法曹時報 51 巻 5 号 1 頁（1999）
戸松秀典　『憲法訴訟』（有斐閣、2000）
中野次雄編著　『判例とその読み方〔三訂版〕』（有斐閣、2009）
中野雅紀　「ドイツにおける狭義の基本権構成要件理論」法学新報 102 巻 9 号 143 頁（1996）
中村英樹　「憲法上の自己決定権と憲法 13 条前段『個人の尊重』」9 大法学 76 号 151 頁（1998）
中山竜一　「20 世紀の法思想」（岩波書店、2000）
根森健　「憲法上の人格権」公法研究 58 号 66 頁（1996）
野家啓一　『科学の解釈学』（新曜社、1993）
野家啓一　『クーン　パラダイム』（講談社、1998）
野坂泰司　「テクスト・解釈・客観性—O・フィスの議論に即して—」芦部信喜還暦『憲法訴訟と人権の理論』（有斐閣、1985）117 頁
野坂泰司　「著書紹介」1983 アメリカ法 53 頁
野中俊彦　『憲法訴訟の原理と技術』（有斐閣、1995）
橋本公亘　『日本国憲法』（有斐閣、1980）
長谷川正安　『憲法解釈の研究』（勁草書房、1974）
長谷部恭男　『権力への懐疑　憲法学のメタ理論』（日本評論社、1991）
長谷部恭男　「国家権力の限界と人権」樋口陽 1 編『講座憲法学 3　権利の保障〈1〉』（日本評論社、1994）43 頁
長谷部恭男　「政治取引のバザールと司法審査：松井茂記著『二重の基準論』を読んで」法律時報 67 巻 4 号 62 頁（1995）
長谷部恭男　「憲法典というフェティッシュ」国家学会雑誌 111 巻 11・12 号 162 頁（1998）
長谷部恭男　『憲法学のフロンティア』（岩波書店、1999）〔1999a〕
長谷部恭男　「芦部信喜教授の人権論」ジュリスト 1169 号 36 頁（1999）〔1999b〕
長谷部恭男　『比較不能な価値の迷路』（東京大学出版会、2000）
長谷部恭男　「立法の復権」（著書紹介）2001 年アメリカ法 419 頁
長谷部恭男　『憲法〔第 4 版〕』（新世社、2008）
樋口陽一　『司法の積極性と消極性』（勁草書房、1978）
樋口陽一　『比較憲法〔第 3 版〕』（青林書院、1992）
樋口陽一　『近代憲法学にとっての論理と価値』（日本評論社、1994）
樋口陽一・栗城壽夫　『憲法と裁判』（法律文化社、1988）
平井宜雄　『法律学基礎論覚書』（有斐閣、1989）
平井宜雄　『続・法律学基礎論覚書』（有斐閣、1991）

平井宜雄・星野英一・瀬川信久・田中成明「ミニシンポジウム：法解釈論と法学教育」ジュリスト940号14頁（1989）
平野竜一「法学における理論の役割」碧海純一編『現代法学の方法』（岩波書店、1966）57頁
藤井樹也 『「権利」の発想転換』（成文堂、1998）
藤倉皓一郎 「公共学校における人種別学の撤廃」1972アメリカ法219頁
星野英一 『民法論集』第1巻（有斐閣、1970）
星野英一 「『議論』と法学教育(1)～(4)・完」ジュリスト940号70頁、941号110頁、942号54頁、943号46頁（1989）
前田雅英 『刑法各論講義（第4版）』（東京大学出版会、2007）
松井茂記 「批判的法学研究の意義と課題(1)(2・完)」法律時報58巻9号、10号（1986）
松井茂記 『司法審査と民主主義』（有斐閣、1991）
松井茂記 「国民主権原理と憲法学」『岩波講座 社会科学の方法Ⅳ「社会変動のなかの法」』（岩波書店、1993）1頁
松井茂記 『二重の基準論』（有斐閣、1994）
松井茂記 「自己決定権について(1)、(2・完)」阪大法学45巻2号1頁、5号1頁（1995）〔1995a〕
松井茂記 「自己決定権」長谷部恭男編著『リーディングズ現代の憲法』（日本評論社、1995）57頁〔1995b〕
松井茂記 「プロセス的司法審査理論 再論」佐藤幸治還暦『現代立憲主義と司法権』（青林書院、1998）67頁
松井茂記 『日本国憲法〔第3版〕』（有斐閣、2007）
松井茂記 『アメリカ憲法入門〔第6版〕』（有斐閣、2008）
丸祐一 「原意主義批判としての道徳的読解」千葉大学社会文化科学研究第5号151頁（2001）
丸山敦裕 「包括的基本権条項から導かれる権利の射程」阪大法学48巻6号163頁（1999）
丸山高司 『ガダマー 地平の融合』（講談社、1997）
宮沢俊義 『憲法の原理』（岩波書店、1967）
宮沢俊義 『法律学における学説』（有斐閣、1968）
宮沢俊義 『憲法Ⅱ〔新版〕』（有斐閣、1974）
棟居快行 『人権論の新構成』（信山社、1992）
棟居快行 『憲法学再論』（信山社、2001）
棟居快行 『憲法フィールド・ノート〔第3版〕』（日本評論社、2006）
森英樹 「戦後憲法学の方法論争 ―『憲法の科学』と『憲法の解釈』の関係をめぐって」ジュリスト1089号101頁（1996）
森脇敦史 「言論市場の『自由』と『制約』について」阪大法学51巻5号79頁（2002）
矢島基美 「自己決定権の法理」LS憲法研究会編『プロセス演習 憲法（第3版）』（信山社、

2007) 464 頁

渡辺康行 「『憲法』と『憲法理論』の対話 (1) ～ (6・完)」国家学会雑誌 103 巻 1・2 号 1 頁 (1990)、105 巻 1・2 号 90 頁 (1992)、111 巻 5・6 号 100 頁 (1998)、112 巻 7・8 号 40 頁 (1999)、113 巻 5・6 号 1 頁 (2000)、114 巻 9・10 号 25 頁 (2001) 〔1990-2001〕

渡辺康行 「人権理論の変容」『岩波講座現代の法 1』(岩波書店、1997) 65 頁〔1997a〕

渡辺康行 「基本原理としての国民主権主義」栗城壽夫・戸波江二編『憲法〔改訂版〕』(青林書院、1997) 81 頁〔1997b〕

渡辺康行 「『国民主権』論の栄枯 ―『憲法学の方法』の観点からの概観」ジュリスト増刊『憲法学の争点』(有斐閣、1999) 10 頁

渡辺康行 「多数だけでは決めない仕組み」樋口陽1編『ホーンブック憲法〔改訂版〕』(北樹出版、2000) 269 頁以下

渡辺康行 「『憲法』と『憲法理論』の対話・補遺」法律時報 74 巻 3 号 105 頁 (2002)

渡辺康行 「憲法訴訟の現状」公法研究 71 号 (2009) 1 頁

ウッドワード、C. V. 編 (監修＝今津晃・齋藤眞、訳＝大下尚一・麻田貞雄・他)『アメリカ史の新観点 ―比較史的こころみ―』(南雲堂、1976)

クーン、トーマス (我孫子誠也、佐野正博訳)『科学革命における本質的緊張』(みすず書房、1998)

ファイヤアーベント、P. K. (村上陽一郎、渡辺博訳)『方法への挑戦』(新曜社、1981)

ベッケンフェルデ、E. W. (初宿正典編訳)『現代国家と憲法・自由・民主制』(風行社、1999)

ポパー、カール. R. (大内義一、森博訳)『科学的発見の論理 (上) (下)』(恒星社厚生閣、1971、1972)

モリソン、サムエル (西川正身監訳)『アメリカの歴史 3　1901 年 -1963 年』(集英社、1971)

Benedict, Michael Les. (吉田仁美訳)「Brown v. Board of Education: 多数者、少数者と公共政策」関東学院法学 16 巻 2 号 97 頁 (2006)

Blackside, Inc. 制作「勝利を見すえて：アメリカ公民権運動の歴史 (1954 年 -1965 年)」〔日本語版ビデオ〕(海外事業活動関連協議会、1990)

Alexander, Larry. Incomplete Theorizing, 72 Notre Dame L. Rev. 531 (1997)

Altman, Andrew. Legal Realism, Critical Legal Studies, and Dworkin, 15 Phil. & Pub. Aff. 205 (1986)

Bachmann, Steve. Book Review, 19 N. Y. U. R. L. & Soc. Change 391 (1992)

Baldwin, J. Lee. Book Review, 62 Tex. B. J. 1048 (1999)

Berger, Raoul. Ely's "Theory of Judicial Review", 42 Ohio St. L. J. 87 (1981)

Bork, Robert H. The Constitution, Original Intent, and Economic Rights, 23 San Diego L.

Rev. 823（1986）

Bork, Robert H. *The Tempting of America*（Touchstone, 1990）

Brest, Paul. The Misconceived Quest for The Original Understanding, 60 B. U. L. Rev. 204（1980）

Brest, Paul. The Substance of Process, 42 Ohio St. L. J. 131（1981）

Burstein, Paul. Book Review, 98 Am. J. Sociology 231（1992）

Canon, Bladley C. The Supreme Court as a Cheerleader in Politico-Moral Disuputes, 54 Journal of Politics 637（1992）

Canon, Bladley C. The Supreme Court and Policy Reform in *Leveraging the Law*. Ed. Schultz, David A.（New York, 1998）

Carter, Stephen L. Do Courts Matter?, 90 Mich. L. Rev. 1216（1992）〔1992a〕

Carter, Stephen L. The Courts and the Constitution, 90 Mich. L. Rev. 1216（1992）〔1992b〕

Chayes, Abram. The Role of the Judge in Public Law Litigation, 89 Hav. L. Rev. 1281（1976）

Chemerinsky, Erwin. Losing Faith, 98 Mich. L. Rev. 215（2000）

Cox, Archibald. *The Warren Court*（Harvard Univ. Press, 1968）（吉川精一・山川洋一郎訳『ウォレン・コート』（日本評論社、1970）

Cox, Archibald. *The Role of the Supreme Court in American Government*（Oxford Univ. Press, 1976）（芦部信喜監訳『最高裁判所の役割』（東京大学出版会、1979）

Cox, Archibald. Book Review, 94 Harv. L. Rev. 700（1981）

Cox, Archibald. *The Court and the Constitution*（Houghton Mifflin, 1987）

Dahl, Robert A. Decision-Making in a Democracy, 6 J. Pub. L. 279（1957）

Delgado, Richard. Rodrigo's Fourth Chronicle, 45 Stan. L. Rev. 1133（1993）

Denvir, John. *Democracy's Constitution*（Univ. of Illinois Press, 2001）

Devins, Neal. Judicial Matters, 80 Cal. L. Rev. 1027（1992）

Devins, Neal. Reanimator, 34 U. Rich. L. Rev. 359（2000）

Dworkin, Ronald. *Taking Rights Seriously*（Harvard Univ. Press, 1977, 1978）（木下毅・小林公、野坂泰司訳『権利論〔増補版〕』（木鐸社、2003）、小林公訳『権利論Ⅱ』（木鐸社、2001）

Dworkin, Ronald. *A Matter of Principle*（Harvard Univ. Press, 1985）

Dworkin, Ronald. *Law's Empire*（Harvard Univ. Press, 1986）（小林公訳「法の帝国」（未來社、1995）

Dworkin, Ronald. Pragmatism, Right Answers, and True Banality, in *Pragmatism in Law and Society* Ed. Brint, Michael. & Weaver, William.（Westview Press, 1991）

Dworkin, Ronald. *Freedom's Law*（Harvard Univ. Press, 1996）（石山文彦訳『自由の法』（木鐸社、1999））〔1996a〕

Dworkin, Ronald. Objectivity and Truth, 25 Phil. & Pub. Aff. 87（1996）〔1996b〕

Dworkin, Ronald. In Praise of Theory, 29 Ariz. St. L. J. 353（1997）

Ely, John Hart. *Democracy and Distrust*（Harvard Univ. Press, 1980）（佐藤幸治、松井茂記訳『民主主義と司法審査』（成文堂、1990））

Ely, John Hart. *On Constitutional Ground*（Princeton Univ. Press, 1996）

Epstein, Lee. Book Review, 1 Law and Politics Book Rev. 139（1991）

Estreicher, Samuel. Platonic Guardians of Democracy, 56 N. Y. U. L. Rev. 547（1981）

Fallon, Richard H., Jr.. How to Choose a Constitutional Theory, 87 Calif. L. Rev. 535（1999）

Feeley, Malcom M. Hollow Hopes, Flypaper, and Metaphors, 17 Law & Soc. Inquiry 745（1992）

Fiss, Owen. Objectivity and Interpretation, 34 Stan. L. Rev. 739（1982）

Fleming, James E. & McClain, Linda C., In Search of a Substantive Republic, 76 Tex. L. Rev. 509（1997）

Fleming, James E. The Constitution Outside the Courts, 86 Cornell L. Rev. 215（2000）

Garrow, David J. Hopelessly Hollow History, 80 Va. L. Rev. 151（1994）

Gates, John B. Book Review, 16 Legal Studies Forum 373（1992）

Gelman, Sheldon. The Hedgehog, the Fox, and the Minimalist, 89 Geo. L. J. 2297（2001）

George, Robert P. Law, Democracy, and Moral Disagreement, 110 Harv. L. Rev. 1388（1997）

Gillman, Howard A. Constitutional History and Political Science, H-Law（December, 2004）, avairable at http://www.h-net.org/reviews

Glickstein, Howard A. The Impact of Brown v. Board of Education and Its Progeny, 23 How. L. J. 51,（1980）

Graber, Mark A. The Law Professor as Populist, 34 U. Rich. L. Rev. 373（2000）

Griffin, Stephen M. Has the Hour of Democracy Come Round at Last?, 17 Const. Commentary 683（2000）

Guest, Stephen. *Ronald Dworkin*（2nd ed.）（Columbia Univ. Press, 1997）

Hart, H. L. A. *The Concept of Law*（2nd ed.）（Oxford Univ. Press, 1997）（矢崎光圀監訳「法の概念」（みすず書房、1976）

Herman, Didi. It's Your Party（And I'll Cry if I Want To）, 9 Canadian J. L. 181（1994）

Hirschl, Ran. Looking Sideways, Looking Backwards, Looking Forwards, 34 U. Rich. L. Rev. 415（2000）

Holloway, Ian. Book Review 15 Dalhousie L. J. 664（1992）

Kahn, Ronald. The Supreme Court, Constitutional Theory, and Social Change, 43 J. L. Educ. 454（1993）

Kastenberg, Stephen J. Book Review 29 Harv. J. on Legis. 589 (1992)

Kaufman, Alexander. Incompletely Theorized Agreement, 85 Geo. L. J. 395 (1996)

King, Mrtin Luther, Jr.. *Stride toward Freedom* (New York, 1958) (雪山慶正訳『自由への大いなる歩み』(岩波書店、1959))

Kinkopf, Neil. The Progressive Dilemma, 75 Notre Dame L. Rev. 1493 (2000)

Kirp, David L. How Now, Brown? 254 Nation 757 (1992)

Klarman, Michael J. How Brown Changed Race Relations, 81 J. Am. History 81 (1994) 〔1994a〕

Klarman, Michael J. Brown, Racial Change, and The Civil Rights Movement, 80 Va. L. Rev. 7 (1994) 〔1994b〕

Klarman, Michael J. Reply: Brown v. Board of Education: Facts and Political Correctness, 80 Va. L. Rev. 185 (1994) 〔1994c〕

Klarman, Michael J. *From Gim Crow to Civil Rights* (Oxford Univ. Press, 2004)

Krislov, Samuel. Book Review, 9 Const. Comment. 367 (1992)

Kuhn, Thomas S. *The Structure of Scientific Revolutions* (3rd ed.), The University of Chicago Press, 1996 (中山茂訳『科学革命の構造』(みすず書房、1971))

Larsen, Joan L. Constitutionalism without Courts?, 94 Nw. U. L. Rev. 983 (2000)

Lawrence, Susan E. Book Review, 86 Am. Pol. Sci. Rev. 812 (1992)

Levin, Besty. Education As a Constitutional Entitlement, 1979 Wash. U. L. Q. 703

Levin, Henry M. Education and Earnings of Blacks and the Brown Decision in *Have We Overcome?* Ed. Namorato, Michael V. (University of Mississippi Press, 1979)

Levine, P. James. Methodological Concerns in Studying Supreme Court Efficacy, 4 Law & Soc'y Rev. 583 (1970)

Mandel, Michael. Against Constitutional Law, 34 U. Rich. L. Rev.443 (2000)

McCann, Michael. Reform Litigation on Trial, 17 Law & Soc. Inquiry 715 (1992)

McCann, Michael. Causal versus Constitutive Explanations (or, On the Difficulty of Being so Positive…), 21 Law & Soc. Inquiry 457 (1996)

McCurdy, Charles W. Foreword, 80 Va. L. Rev. 1 (1994)

McDowell, Gary L. Scholarly 'Hope' says court rarely ignites big changes, The Washington Times Aug. 26, 1991, at F1"

Michelman, Frank I. Welfare Rights in a Constitutional Democracy, 1979 Wash. U. L. Quarterly 659 (1979)

Michelman, Frank I. Populist Natural Law, 34 U. Rich. L. Rev. 415 (2000)

Monaghan, Henry P. Our Perfect Constitution, 56 U. N. Y. L. Rev. 353 (1981)

Neier, Aryeh. *Only judgment* (Wesleyan Univ. Press, 1982)

O' Fallon, James M. Book Review, 68 Cal. L. Rev. 1070 (1980)

Ortiz, Daniel R. Pursuing a Perfect Politics, 77 Va. L. Rev. 721 (1991)

Perry, Michael J. Noninterpretive Review in Human Rights Cases, 56 N. Y. U. L. Rev. 278 (1981)

Posner, Richard. *Overcoming Law* (Harvard Univ. Press, 1995)

Posner, Richard. Pragmatic Adjudication, 18 Cardozo L. Rev. 1 1996)

Posner, Richard. Against Constitutional Theory, 73 N. Y. U. L. Rev. 1 (1998)

Powe, L. A., Jr., The Supreme Court, Social Change, and Legal Scholarship, 44 Stan. L. Rev. 1615 (1992)

Prakash, Saikrishna. America's Aristocracy, 109 Yale L. J. 541 (1999)

Prichett, C. Herman. Equal Protection and the Urban Majority, 58 Am. Pol. Sci. Rev. 869 (1964)

Rosenberg, Gerald N. *The Hollow Hope* (The Univ. of Chicago Press, 1991)

Rosenberg, Gerald N. Hollow hopes and other aspirations, 17 Law & Soc. Inquiry 761 (1992) [1992a]

Rosenberg, Gerald N. Judicial Independence and the Reality of Political Power 54 Review of Politics 369 (1992) [1992b]

Rosenberg, Gerald N. Brown Is Dead! Long Live Brown!, 80 Va. L. Rev. 161 (1994)

Rosenberg, Gerald N. Knowledge and Desire, in *Leveraging the Law* Ed. Schultz, David A. (New York, 1998)

Rosenberg, Gerald N. Positivism, Interpretivism, and the Study of Law, 21 Law & Soc. Inquiry 435 (1996)

Rubin, Edward L. Legal Reasoning, Legal Process and the Judiciary as an Institution, 85 Cal. L. Rev. 265 (1997)

Sachs, Albie. Book Review, 51 U. Toronto L. J. 87 (2001)

Sager, Lawrence G. Thin Constitutions and the Good Society, 69 Fordham L. Rev. 1989 (2001)

Sandalow, Terrance. TheDistrust of Politics, 56 N. Y. U. L. Rev. 446 (1981)

Scheppele, Kim Lane. Book Review, 21 Comtemporary Sociology 465 (1992)

Schuck, Peter H. Public Law Litigation and Social Reform, 102 Yale L. J. 1763 (1993)

Schultz, David A. Introduction: Courts and Law in American Society in *Leveraging the Law* Ed. Schultz, David A. (New York, 1998)

Shapiro, Scott J. Fear of Theory, 64 U. Chi. L. Rev. 389 (1997)

Sherry, Suzanna. Law and Order, N. Y. Times Sept. 8, 1996, Sec.7 (Book Reviews) at 17

Simon, Jonathan. "The Long Walk Home" to Politics, 26 Law & Soc'y Rev. 923 (1992)

Sitkoff, Harvard. Struggle for Black Equality (Rev. ed.) (New York, 1993)
Skubik, Daniel W. Book Review, 39 Fed. B. News & Journal 538 (1992)
Smith, Christopher E. Misdirected courtship, 76 Judicature 45 (1992)
Stone, Adrienne Incomplete Theorizing in The High Court, 26 Fed. L. Rev. 195 (1998)
Stumpf, Harry P. Book Review, 55 Journal of Politics 256 (1993)
Sullivan, Kathleen M. & Gunther, Gerald. *Constitutional Law* (17th. ed. Foundation Press, 2010)
Sunstein, Cass R. How Independent is the Court?, N. Y. Rev. Books Oct. 22, 1992, at 47 (1992)
Sunstein, Cass R. *The Partial Constitution* (Harvard Univ. Press, 1993) [1993a]
Sunstein, Cass R. Liberal Constitutionalism and Liberal Justice, 72 Tex. L. Rev. 305 (1993) [1993b]
Sunstein, Cass R. Democracy and Shifting Preferences, in *The Idea of Democracy* Ed. D. Copp, J.Hampton, and J. E. Roemer (Cambridge Univ. Press, 1993) [1993c]
Sunstein, Cass R. Incommensurability and Valuation in Law, 92 Mich. L. Rev. 779 (1994)
Sunstein, Cass R. *Legal Reasoning and Political Conflict* (Oxford Univ. Press, 1996) [1996a]
Sunstein, Cass R. Earl Warren Is Dead, The New Republic May13, 1996, at 35 [1996b]
Sunstein, Cass R. Foreword: Leaving Things Undecided, 110 Harv. L. Rev. 4 (1996) [1996c]
Sunstein, Cass R. Practical Reason and Incompletely Theorized Agreements, 51 Current Legal Probs. 267 (1998)
Sunstein, Cass R. *One Case at a Time* (Harvard Univ. Press, 1999)
Sunstein, Cass R. Constitutional Agreements Without Constitutional Theories, 13 Ratio Juris 117 (2000)
Sunstein, Cass R. Republic. com (Princeton, 2001) [2001a]
Sunstein, Cass R. Designing Democracy (Oxford Univ. Press, 2001) [2001b]
Tarr, G. Alan. The Limits of Judicial Power, 54 Review of Politcs 483 (1992)
Tiefer, Charles G. Comparing Alternative Approaches About Congress's Role in Constitutional Law, 34 U. Rich. L. Rev. 489 (2000)
Tribe, Laurence H. The Puzzling Persistence of Process-Based Constitutional Theories, 89 Yale L. J. 1063 (1980)
Tushnet, Mark. Darkness on the Edge of Town, 89 Yale L. J. 1037 (1980) [1980a]
Tushnet, Mark. Post-Realist Legal Scholarship, 1980 Wis. L. Rev. 1383 (1980) [1980b]
Tushnet, Mark. Dia-Tribe, 78 Mich. L. Rev. 694 (1980) [1980c]
Tushnet, Mark. The Dilemmas of Liberal Constitution, 42 Ohio St. L. J. 411 (1981)

Tushnet, Mark. Critical Legal Studies and Constitutional Law, 36 Stan. L. Rev. 623 (1984) [1984a]

Tushnet, Mark. An Essay on Rights, 62 Tex. L. Rev. 1363 (1984) [1984b]

Tushnet, Mark. Introduction, 52 Geo. Wash. L. Rev. 239 (1984) [1984c]

Tushnet, Mark. *The NAACP's Legal Strategy against Segregated Education, 1925-1950* (The University of North Carolina, 1987)

Tushnet, Mark. *Red, White and Blue* (Harvard Univ. Press, 1988)

Tushnet, Mark. Critical Legal Studies: A Political History, 100 Yale L. J. 1515 (1991) [1991a]

Tushnet, Mark. Foreword, 77 Va. L. Rev. 631 (1991) [1991b]

Tushnet, Mark. The Left Critique of Normativity, 90 Mich. L. Rev. 2325 (1992)

Tushnet, Mark. The Significance of Brown v. Board of Education, 80 Va. L. Rev. 173 (1994)

Tushnet, Mark. *Taking the Constitution Away from the Courts* (Princeton Univ. Press, 1999) [1999a]

Tushnet, Mark. Foreword: The New Constitutional Order and The Chastening of Constitutional Aspiration, 113 Harv. L. Rev. 26 (1999) [1999b]

Tushnet, Mark. Politics, National Identity, and the Thin Constitution, 34 Rich. L. Rev. 545 (2000)

Tushnet, Mark. Evaluating Congressional Constitutional Interpretation, 50 Duke L. J. 1395 (2001) [2001a]

Tushnet, Mark. Constitution-Talk and Justice-Talk, 69 Fordham L. Rev. 1999 (2001) [2001b]

Tushnet, Mark. Subconstitutional Constitutional Law, 42 Wm & Mary L. Rev. 1871 (2001) [2001c]

Tushnet, Mark & Lezin, Katya. What Really Happened in Brown v. Board of Education 91 Colum. L. Rev. 1867 (1991) [1991a]

Unger, Roberto Mangabeira. *Knowledge and Politics* (The Free Press, 1975, 1984)

Unger, Roberto Mangabeira. *The Critical Legal Studies Movement* (Harvard Univ. Press, 1986)

Unger, Roberto Mangabeira. *What should Legal Analysis Become?* (Verso Books, 1996)

Whittington, Keith E. *Constitutional Construction* (Harvard Univ. Press, 1999)

Whittington, Keith E. Herbert Wechsler's Complaint and the Revival of Grand Constitutional Theory, 34 U. Rich. L. Rev. 509 (2000)

Wilkinson, J. Harvie. *From Brown to Bakke* (Oxford Univ. Press, 1979)

Williams, Juan. *Eyes on the prize* (New York, 1988)

Grand Illusion, 105 Harv. L. Rev. 1135 (1992)

Symposium: Constitutional Adjudication and Democratic Theory, 56 N. Y. U. L. Rev. 259 (1981)

Symposium: Judicial Review versus Democracy, 42 Ohio St. L. J. 1 (1981)

あ と が き

「ええカッコしすぎたか…。」
　2009年、私は後悔していた。最初に博士論文の出版をある会社に断られ、何となく放っておいた数年を経て、もう一度練り直した出版の企画。
　ありがたいご提案はあった。「〇〇（出版社）に話してみましょうか」と、ある先生から。しかし、最初の本は自分の力だけで出版にこぎつけたいというのが、私の希望だった。企画書を書いて、出版社に送ることにした。万が一、複数の出版社から良いお返事が来たら失礼にあたるからと、企画書は1通ずつ出した。
　杞憂だった。
　企画書といっても、ただ「こういう本を出したい」と書いたわけではない。条件的に伊藤忠兵衛基金出版助成を獲得できる可能性が高いこと（若手の1冊目）、出版に必要な額の大部分は出ることを書いた、いわば見積作成依頼書と呼べるものだった。少なくとも、主観的には。
　口にするのは簡単だが、実現するのは難しい。電報並みの早さで断りの手紙が届いたのは、まだいい方。謙虚さを示すつもりで「無視していただいても構いません」と書いたら、本当に何の音沙汰もなかった会社が数社。ある先生に「話してみましょうか」とご提案いただいた会社からも、返信はなかった。私の名前だけでは返事も帰ってこない、という現実。
　まあ、仕方がない。なにせ、私には力がない。科研費の申請が通ったことは1度もないし、前任校では、倍率が1倍を切った1度を除いて、学部内の競争資金すらとれなかった（とれなかった年の倍率も1.2倍とかそんな数字だった…）。留学経験どころか海外旅行の経験もない（海外に行かないと、研究者としての実力は身につかないらしい…）。力のない人間がいい格好しようとした結果だ。

拾う神あり。

　企画採用の電話をくださったのは、大学教育出版の佐藤守氏。わが郷土岡山の会社である。出版企画を募集している珍しい会社だった。原稿の遅れへのご対応や本体価格の安さ等々も含め、感謝しきれません。本書のご担当である安田愛氏にも大変お世話になった。本当にありがとうございます。

　これは研究書ではない。そう言う人もいるかもしれない。私がある種の「研究書らしさ」を排除しようとしているのも、事実である（残念だが、今回はうまくいかなかった）。でも、これは私の研究の成果なのだから研究書だ。
　研究についても、様々な人にお世話になった。ただ、挙げることのできる人数は限られる。出会った順に、数名の名前を挙げさせていただきたい。
　尾形健君。大学在学中は憲法をほとんどまったく勉強しなかったモラトリアム人間に、憲法学が面白いものだと教えてくれた。その他にも色々お世話になりました。ありがとう。
　修士課程の指導教員だった渡辺康行先生、博士課程の指導教員だった松井茂記先生。もし、「指導熱心」な振りをして、学習指導要領でもあるかのような、自分のコピーを作りたいだけの指導をする教員に当っていたら、私はさっさと辞めていただろう。実際に受けたご指導は、その逆だった。私の学問の自由を尊重してくださったおかげで、私は今ここにいる。ありがとうございました。
　今野健一先生。私の最初の大学の就職先である山形大学人文学部の公募で何の縁もない私を採用するのに、中心的な役割を果たしてくださった。ありがとうございました。
　この他にも、大学で出会った人達に感謝。そして、大学の外で出会ったすべての人々に感謝したい。バイト先、ボクシングジム、その他高校の友人など、大学の外にいることが多かった私は、彼らに実に多くのことを学んだ。
　最後に、妻と、目的の定まらない私を援助し続けてくれた父と母に。

2010年12月

著　者

■ 著者紹介

早瀬　勝明　（はやせ　かつあき）

甲南大学法科大学院准教授
1973年生まれ。千葉大学法経学部卒業、千葉大学大学院社会科学研究科修了、大阪大学大学院法学研究科博士後期課程修了。博士（法学）。

憲法13条解釈をどうやって客観化するか

2011年3月1日　初版第1刷発行

■ 著　　者 ── 早瀬勝明
■ 発行者 ── 佐藤　守
■ 発行所 ── 株式会社 大学教育出版
　　　　　　〒700-0953　岡山市南区西市855-4
　　　　　　電話 (086) 244-1268　FAX (086) 246-0294
■ 印刷製本 ── モリモト印刷㈱

© Katsuaki Hayase 2011, Printed in Japan
検印省略　　落丁・乱丁本はお取り替えいたします。
無断で本書の一部または全部を複写・複製することは禁じられています。
ISBN978-4-86429-047-0